SACRIFÍCIO

SACRIFÍCIO

William Saints

© Publicado em 2013 pela Editora Isis Ltda.

Supervisor geral:
Gustavo L. Caballero
Revisão de textos:
Gabriela Edel Mei
Capa: foto de
Juliana Barbosa Neves
Diagramação:
Décio Lopes

DADOS DE CATALOGAÇÃO DA PUBLICAÇÃO

Saints, William

Sacrifício/William Saints | 1ª edição | São Paulo, SP | Editora Isis, 2013.

ISBN: 978-85-8189-017-3

1. Parapsicologia 2. Ocultismo I. Título.

Proibida a reprodução total ou parcial desta obra, de qualquer forma ou por qualquer meio seja eletrônico ou mecânico, inclusive por meio de processos xerográficos, incluindo ainda o uso da internet sem a permissão expressa da Editora Isis, na pessoa de seu editor (Lei nº 9.610, de 19.02.1998).

Direitos exclusivos reservados para Editora Isis

EDITORA ISIS LTDA
www.editoraisis.com.br
contato@editoraisis.com.br

Não há amor sem dor,

Não há paixão sem riscos,

Não há escolhas sem sacrifícios,

Não há vida sem morte.

O Autor

Dedicatória

Para minha sobrinha Maria Luíza que sempre me inspira.

Para minha irmã Renata que sempre me ouve e apoia.

Para minha amiga Josi por seus bons conselhos.

Para Ana Mendes e Sergio Magalhães por me ajudarem a realizar meu sonho.

E para todos aqueles que foram meu porto seguro quando os momentos estavam difíceis. Arthur você é um deles.

Agradecimentos

Obrigado Ana Mendes e Sergio Magalhães por me mostrarem que anjos realmente existem. Sou grato a vocês para sempre.

Agradeço a Edméia por suas aulas de redações que me mostraram o prazer de escrever.

À todos da E. E. Coronel. Domingos Diniz Couto., princialmente a sua biblioteca, onde me apaixonei verdadeiramente por livros.

E se eu não me lembrei do seu nome, me desculpe, provavelmente ele já está escrito em meu coração.

Sumário

Capítulo 1 – Luíz...11

Capítulo 2 – Maria..15

Capítulo 3 – Luíz...26

Capítulo 4 – Maria..29

Capítulo 5 – Luíz..31

Capítulo 6 – Maria..34

Capítulo 7 – Luíz..37

Capítulo 8 – Maria..41

Capítulo 9 – Luíz..46

Capítulo 10 – Maria..52

Capítulo 11 – Luíz..56

Capítulo 12 – Maria..62

Capítulo 13 – Luíz..69

Capítulo 14 – Maria..75

Capítulo 15 – Luíz..78

Capítulo 16 – Maria..80

Capítulo 17 – Luíz..86

Capítulo 18 – Maria..88

Capítulo 19 – Luíz..93

Capítulo 20 – Maria 96

Capítulo 21 – Luíz 105

Capítulo 22 – Maria 112

Capítulo 23 – Luíz 119

Capítulo 24 – Maria 121

Capítulo 25 – Luíz 125

Capítulo 26 – Maria 129

Capítulo 27 – Luíz 132

Capítulo 28 – Maria 133

Capítulo 29 – Luíz 141

Capítulo 30 – Maria 145

Capítulo 31 – Luíz 146

Capítulo 32 – Maria 150

Epílogo – Ariel 157

CAPÍTULO 1

Luíz

Eternamente com dezoito anos, eu Luíz, nasci em 1610, século XVII em Paris e fui transformado em vampiro em 1628. Não me lembro mais da minha vida como ser humano e não sei quem eram meus familiares.

Quando acordei como vampiro, não estava sozinho, Sandro, meu criador, estava ao meu lado. Com ele aprendi a saciar a minha sede, a conviver com os humanos e a usar os meus poderes.

Hoje, quatro séculos depois, vivemos na América em Vancouver, Canadá. Vi os séculos passarem diante dos meus olhos, a modernidade crescer e dominar o mundo.

Nós vampiros não passamos de um mito para os humanos, simplesmente não existimos para eles, apesar de povoarmos suas imaginações e às vezes sermos personagens fictícios em seus livros e filmes. O que me causa muita graça, pois muitas coisas que eles dizem e mostram não passam de simples fantasias.

Aparentemente somos idênticos aos humanos, não somos exatamente pálidos e frios, não temos presas enormes, elas são como as presas humanas, porém mais afiadas. A cor de nossos olhos não muda com a transformação, pelo contrário, se tornam mais intensas. A luz do sol não nos afeta, enfim porque nos afetaria? E aquela história de sermos mortos por estacas de madeira, isso é ridículo, não dormimos em caixões, nós não somos múmias. E somos perfeitamente refletidos nos espelhos. O que adiantaria ser bonito sem poder contemplar a própria beleza?

Não sei de onde os humanos tiraram tanta criatividade. Talvez fosse só um modo de nos tornarmos menos ameaçadores para eles, fazendo-os acreditar que podiam nos destruir ou nos machucar.

Com o passar dos séculos alguns autores humanos passaram a descrever seus vampiros fictícios um pouco mais parecidos conosco, talvez eles estejam percebendo que toda aquela coisa de caixões, estacas e crucifixos não tem sentindo nenhum.

Os vampiros existem. Somos imortais, mas continuamos agarrados àquilo que ainda temos de humanos. Somos poderosos, mas aprendemos a ser sempre cautelosos para esconder nossa existência da sociedade humana. No passado podíamos nos mover com mais liberdade por entre a população humana, por vezes com as nossas influências chegávamos até cargos de grande domínio sobre os humanos. Mas com a chegada da inquisição tudo mudou... Muitos de nós fomos caçados e destruídos. Então depois de quase chegar à extinção foi necessário adotar uma lei de absoluto silêncio sobre a nossa própria existência. Matar foi o mínimo que fizemos para conseguir preservar a nossa existência em segredo absoluto.

Hoje a sociedade dos vampiros é muito mais organizada. Os vampiros anciões, os Imperiais, como são chamados por nós, protegem a Lei do Silêncio e mantêm uma hierarquia social.

Outros vampiros, porém rejeitam a sua natureza humana e apenas veem os seres humanos como a sua fonte de alimentação. Apenas o seu instinto de autopreservação da espécie os impede de revelar a nossa existência.

Existem diferentes clãs, as linhagens dos vampiros, nos tempos modernos. Cada clã é como uma pequena família, formado por três ou nove vampiros.

Secretamente, vivemos em uma guerra entre vampiros, que ocorre na sombra, com um único objetivo: o poder absoluto. Sandro e eu decidimos viver independente, afastados da guerra pelo poder.

Sentado sobre uma grande pedra próxima ao mar observo as gaivotas voarem baixo e ouço os sons das ondas arrebentando nas pedras.

O céu de um azul intenso aos poucos vai ganhando tons dourados e vermelhos à medida que o sol se põe sob o mar no horizonte.

Levantando eu pego minha prancha de surfe na areia e corro para o mar. É como se as ondas me chamassem, me atraindo com minha prancha. A água envolve meu corpo, me jogo contra uma onda.

O Surfe é o esporte humano que mais amo. A adrenalina de deslizar sobre a água é maravilhosa. Quando surfo me sinto livre e leve. A água me acalma e me reconforta.

Depois de algumas manobras nas ondas, nado até o mar e subo na prancha. O sol está quase se pondo, observo sentindo o vento em meu rosto o grande espetáculo da natureza.

Por ser um vampiro, não corro nenhum risco em ficar tão longe da praia. Nunca tenho problemas com tubarões, eles me temem. Sempre se afastam quando entro na água. É a lei da natureza, enfim sou o predador mais perigoso do mundo.

Quando o sol se põe, sou engolido pelo mar. Saio da água carregando minha prancha. A água salgada escorre pelos meus cabelos e pelo meu peito nu, minha bermuda florida está ensopada. A praia está quase deserta.

Tomo uma ducha rápida. Vejo a água escorrendo pelo ralo aos meus pés. Puxo os lábios em um sorriso quando ouço com meus ouvidos apurados um pequeno grupo de garotas que passam sussurrando algo sobre mim.

Pego minha mochila encostada no tronco de uma árvore, dando uma última olhada no mar, vou até o estacionamento.

Ando sobre a areia, coloco a prancha no banco de trás do meu Jipe. Entro e dirijo pelo crepúsculo.

CAPÍTULO 2

Maria

Sou apenas uma garota vivendo a terrível fase da adolescência. Uma simples humana vivendo as vontades dos pais, ou pior, do padrasto. Eu não queria estar aqui, não mesmo. Só de lembrar tudo que deixei para trás: minha casa, minhas amigas... Sinto-me sufocada. Não tenho palavras que possam descrever o que sinto. Raiva. Sim essa é uma ótima palavra.

O que eu não daria para sentir o calor do México de novo. De andar com as minhas amigas pelas praias de Acapulco. Devia ter ficado com o papai e nunca ter vindo para Vancouver.

– Maria?

Ouço minha mãe me chamar. Gostaria de saber por que os mexicanos gostam tanto desse nome e por que minha mãe o colocou em mim.

– Você está bem querida? – ela me perguntou em inglês. Decidimos que depois da nossa mudança, esse seria o idioma que usaríamos com mais frequência para nos acostumarmos. Seu sotaque deixa sua voz bastante sensual.

Não respondo. Minha mãe entra em meu quarto e senta na beirada de minha cama.

– Por que você não vai dar uma volta pela cidade? Ela é linda e quem sabe assim você não faz algumas amizades?

Meus olhos lacrimejam. Quero gritar com minha mãe. Dizer a ela tudo que me atormenta. Mas me seguro, ela está grávida. Por mais que esteja com raiva não quero deixá-la nervosa.

Olhando-me profundamente ela abaixa o rosto e olha para as mãos cruzadas sobre o colo.

– O bebê mexeu...

Olho para a janela. Não me importo.

Ela força um sorriso.

– Ruan e eu já escolhemos o nome: Gabe. O que você acha?

– Melhor que o meu. – minhas primeiras palavras em inglês me soam estranhas.

– Não diga isso, Maria é um nome muito bonito.

– Pra quem chama Guadalupe o nome Maria é muito bonito mesmo.

Minha mãe é uma mulher muito bonita, morena de olhos claros e muito límpidos.

– Mãe o que você quer?

– Apenas conversar querida.

– Mãe eu não quero conversar, enfim, não tenho nada pra conversar com você... Devia ter me deixado com o papai. Nunca quis vir pra essa cidade, eu ainda não quero estar aqui.

Paro de falar. Estou arfante. Eu me seguro para não chorar.

Minha mãe se levanta, e antes de sair diz:

– Já te matriculamos em sua nova escola: Vancouver High School, você vai gostar.

Desabando em minha cama começo a chorar. Não janto e logo adormeço.

Quando eu acordo fico durante alguns segundos de olhos fechados. Imaginando que assim que os abrir vou estar em meu antigo quarto de cortinas vermelhas desbotadas e paredes lilás.

Aperto os olhos fechados na esperança de que a minha mudança não passe de um pesadelo. Assim que eu me levantar vou tomar meu café na varanda com a vista para o mar. Depois vou ligar para minhas amigas e juntas vamos almoçar em alguns de nossos restaurantes preferidos. No final da tarde, meu pai me buscará em casa e juntos vamos ao cinema como fazemos todos os domingos.

Sorrindo abro os olhos. Meu sorriso se apaga. A tristeza me sufoca. Estou em um novo quarto. Com paredes brancas e cortinas amarelas.

Meus olhos enchem de lágrimas em um acesso de raiva. Tenho vontade de gritar até não ter mais voz.

É um pesadelo. Só um pesadelo. Eu vou acordar. Vou acordar a qualquer instante.

Penso enquanto forço meu rosto contra meu travesseiro.

Os segundos passam e nada de eu acordar. Depois de uma hora me dou por vencida. Não tenho mais forças, não tenho outra escolha se não viver esse pesadelo.

Levanto-me e tomo um banho. Enquanto a água quente escorre pelas minhas costas não consigo evitar as lágrimas. Choro. O vapor da água rodopia em volta do meu corpo. Encosto minha cabeça no vidro do Box e deixo ser consumida pelos soluços.

Saio do banheiro enxugando meus cabelos. Visto roupas simples e penso em voltar para cama, mas meu estômago ronca em protesto. Estou com fome.

Desço para tomar o café da manhã. Ruan assiste TV com a minha mãe na sala. Ela está aconchegada em seus braços fortes. Passo pelo corredor rápido para que eles não me notem. Não quero vê-los.

Nessa casa tudo é estranho. Não sei onde estão as coisas. A sensação é de que não pertenço a esse lugar. Nunca poderei chamar aqui de lar.

Abro a geladeira e pego pão, maionese, presunto, alface e uma jarra com suco de laranja. Sento-me à mesa enquanto preparo meu sanduíche.

Enquanto como sou tomada por uma onda de saudades. Fico imaginado como será minha vida aqui. Não conheço ninguém. Não sei a que lugares ir.

Pensar em minha escola nova me enche de terror... Termino de comer e subo para o meu quarto. Ainda há algumas caixas para serem desfeitas. Olho para a estante de vidro destinada aos meus livros.

Ajoelho-me perto de umas das caixas abrindo-a. Pego um livro e o folheio, aproximo meu nariz sentido o cheiro de suas páginas. Cada livro meu guarda uma lembrança de fases da minha vida. É como se eles retivessem dentre as suas páginas momentos que jamais serão esquecidos. Guardiões de memórias.

Basta que eu os abra, folheie, leia ou sinta seu cheiro que revoadas de lembranças e sentimentos de determinados períodos invadem minha cabeça.

Um a um os coloco na estante. São extremamente preciosos para mim. Só eles possuem a capacidade de me transportar para outro lugar.

Quando estou nervosa ou estressada não há nada melhor do que ir a uma livraria e comprar um livro novo. Mas nem isso posso fazer agora. Não sei onde há livrarias nessa cidade.

Não quero pedir a Ruan que me leve a uma. Não quero favores dele, ele já fez um grande favor me trazendo para cá.

Coloco o último livro na prateleira e me sento na cama. Não sei como, mas me sinto exausta. Deito apoiando a cabeça sobre os meus braços. Fico pensando em casa, em seu cheiro, no farfalhar das folhas dos coqueiros ao vento e nos gritos das gaivotas.

Sentindo o vento que entra pela janela do quarto durmo.

Ouço alguém caminhando em meu quarto. Abro os olhos. Minha mãe coloca algumas roupas lavadas em meu guarda-roupa.

– Olá querida. – diz ela sorrindo. – Não queria acorda-lá, desculpe.

–Que horas são? – pergunto me apoiando em meus braços.

– Já passa da hora do almoço. Você está com fome?

– Não, não estou.

– Ruan e eu vamos dar uma volta pela cidade você quer ir conosco?

– Obrigada mãe, mas prefiro ficar em casa.

Minha mãe me olha profundamente, pensa em me dizer algo. Sua boca abre e ela a fecha rapidamente mudando de ideia.

Ela sabe que não me adaptei com a ideia de nossa mudança.

– Quando estiver com fome tem comida na geladeira. – diz depois de pendurar a última blusa e sair do meu quarto.

O resto do meu dia é bastante chato. Quando eles saem desço para a sala. Zapeio alguns canais na TV, mas nada me interessa, por fim subo para o meu quarto.

Observo a rua pela janela enquanto ouço música. Em frente a minha janela há uma grande cerejeira, ela parece ser uma árvore bem antiga, já que seus galhos são grossos e bastante espessos. Seu tamanho não se iguala ao das outras de sua espécie.

Suas folhas verdes tocam o vidro da minha janela.

A rua é bastante calma. Não há muito movimento. Vejo algumas pessoas caminharem na calçada. Uma mulher bonita com roupa de corrida segurando seu cachorro pela coleira. Duas crianças andado de bicicleta e um senhor apressado...

Saio da janela. Sento em frente ao meu computador. Na internet procuro algo de interessante para fazer.

Sem perceber passo a tarde toda em frente ao computador. Só me dou conta de que já é noite quando minha mãe e Ruan chegam em casa.

Olho para a noite escura da minha janela e sinto meu estômago revirar ao me lembrar de que amanhã será meu primeiro dia em uma nova escola.

A Vancouver High School é uma escola que acolhe estudantes estrangeiros. Localizada próximo ao litoral e cercada por pinheiros. Um edifício eduardiano cheio de adolescentes.

Minha mãe me leva de carro, enquanto isso pela janela observo a cidade, cercada pela água com montanhas azuis no horizonte, com vários prédios famosos e com algumas construções no estilo europeu, Vancouver se classifica como a cidade mais habitável do mundo, e só eu não vejo isso.

Desço do carro e caminho em direção à escola. Ando de cabeça baixa, me sinto totalmente estranha, não sei se as pessoas me olham. Caminho com passos apressados quando me esbarro em alguém.

– Ai.

– Desculpa. – digo lembrando-me de falar em inglês.

– Não tem problema. – diz uma garota de pele morena e olhos verdes.

Abaixo e a ajudo a pegar os livros no chão.

– Você é nova aqui não é?

Colocando o cabelo atrás da orelha, sempre faço isso quando estou nervosa, respondo:

– Sim.

– E de onde você é?

– Acapulco.

– Isso fica no México?

– Sim.

Ela sorri.

– Legal, tenho alguns primos mexicanos.

Não sei o que dizer. Nunca fui muito sociável.

– Bem meu nome é Mary prazer.

Mary estende a mão.

– Nossa! – digo surpresa. – Mary é Maria em inglês não é?

– Ai meu Deus, não me diz que o seu nome é Maria.

Ela chega a dar pulinhos nas pontas dos pés.

– É sim.

– Isso é demais, temos o mesmo nome.

Sorrio.

– Bem tecnicamente são pronúncias diferentes.

– Isso não importa já que o significado é o mesmo.

– Bem Maria. – ela dá um sorriso entusiasmado. – Já que temos o mesmo nome e nos esbarramos por obra do acaso o que você acha de sermos amigas?

– Seria ótimo.

Mary sorri.

– Então ótimo. O que estamos esperando? Estamos atrasadas.

Puxando-me pelo braço Mary corre em direção à secretaria. Ela é do estilo garota maluquinha, mas é muito legal. Enquanto voltamos da secretaria com o meu horário escolar ela me mostra à escola e de longe me apresenta os alunos.

– Aquela é Lilian você sempre pode contar com ela quando estiver precisando de ajuda em obter notas ela é um gênio e aquela é a...

– Ei Mary não me diga que você arrumou uma nova amiga *nerd* para falar de sua virgindade.

Diz a garota loira interrompendo o que Mary dizia, ela usa um uniforme de chefe de torcida e está rodeada de amigas.

Ficando vermelha Mary diz:

– É a vaca da Rose.

Rose nos olha com um olhar zombeteiro e sai dando risadinhas com o seu bando.

– E quem é ele?

– Henry Franchini. Ele também é novo na escola. Tome cuidado, ele só quer sexo.

Puxando-me até o banheiro Mary fala das meninas na qual Henry deixou seus corações despedaçados. Sigo-a pensando em seus olhos verdes profundos.

História sempre foi a minha matéria preferida. Então meu primeiro dia de aula na Vancouver High School está começando bem. Sento-me numa cadeira no canto perto das janelas. Lugares apertados e cheios sempre me deixam tonta.

Pego meu livro em minha mochila quando sinto alguém se aproximar e parar próximo a minha carteira.

– Oi. Prazer sou Henry Franchini, vi você com Mary no pátio, hoje.

– Oi. Prazer, Maria Mercedes.

– Você é mexicana não é?

– Sou.

Estou nervosa.

– Bem a gente se vê. – diz dando um sorriso misterioso e sentando no fundo.

Henry é aquele cara do tipo conquistador, perfeito pra deixar qualquer garota caidinha por ele. Cabelos pretos encaracolados, olhos verdes, lábios vermelhos e pele branca. Sem falar do ar misterioso que ele tem.

– Senhorita Mercedes?

– Sim.

Ouço alguns alunos rirem quando o professor diz o meu sobrenome.

– Sou o professor Miguel seja bem vinda.

– Obrigada senhor.

– E para os alunos que lhe saudaram com sorrisos eu também sou mexicano.

A aula começa. Olhando para trás percebo que Henry olha pra mim. Sinto um calafrio percorrer a minha barriga quando ele sorri.

– Hoje vamos falar da História local. O primeiro assentamento europeu em Vancouver foi fundado em 1862. Alguém sabe me dizer qual foi o ano da chegada dos navios capitaneados e o que eles causaram?

– Foi em 1791 com o navegador José Maria Narvaez da Espanha significando grandes mudanças na vida dos aborígenes da região.

– Muito bem senhor Giovanni, mas temo que o senhor esteja atrasado.

Diz o professor Miguel a um garoto mais bonito que já vi. Seus cabelos dourados estão um pouco desalinhados e emolduram seu rosto extremamente perfeito que parece ter sido esculpido pelo próprio Bernini, seus lábios vermelhos são perfeitamente desenhados e cheios, atraindo olhares até eles e despertando uma doce vontade de beijá-los. Seus olhos parecem ter absorvido todas às cores do mar. Profundos e intensos. Ele é alto e forte. Sua beleza e irradiante. Seus olhos azuis percorrem a sala e depois param no professor.

– Desculpe professor, mas tive alguns problemas.

– Não quero que imagine que tenho alguma preferência pelo senhor nem que os meus outros alunos pensem isso. Mas como foi o único a responder a minha pergunta entre e sente-se, por favor.

Ele entra e senta-se do outro lado.

***

– Luíz Giovanni é o tipo de cara que toda garota sonha em levar pra casa se é que você me entende. – diz Mary na hora da saída. – Mas ele nunca está com uma garota.

– Estilo aproveitador?

– Não nem um pouco, ele só parece não gostar de nenhuma de nós.

Olhando por cima do meu ombro vejo Luíz caminhar em direção ao seu carro, que por sinal é muito caro. Para ser sincera ele é lindo. Não é só o corpo, mas o sorriso e o jeito que ele olha. O seu jeito descontraído de andar.

CAPÍTULO 3

Luíz

Sandro e eu nos mudamos para Vancouver em 1792, ano em que a cidade foi fundada. Deixamos nosso clã na adorável Veneza para termos uma vida independente em uma cidade erguida entre o oceano Pacífico e as Montanhas Rochosas, mais exatamente no interior de uma floresta.

O lugar onde residimos é uma bela mansão eduardiana localizada nas proximidades da cidade.

– Como foi a escola hoje?- pergunta Sandro quando entro em casa.

– Como todos os dias, tediosa.

– Coisas da imortalidade. Venha almoçar.

Sandro é a pessoa que mais prezo em minha existência. Meu criador. Alto, com cabelos pretos, pela clara e estatura sólida. Com um aspecto tipicamente apresentável e respeitável.

– Buon appetito. – diz em seu perfeito italiano, sua língua natal enquanto me serve uma taça de sangue.

– Merci. – agradeço em francês.

Sempre fazemos isso, uma pequena distração. Falarmos nossas línguas natais.

Nós não matamos para nos alimentarmos. Sandro assim como alguns vampiros envolveu-se no poder de estruturas médicas, assim temos o precioso alimento direto dos Bancos de Sangue de Vancouver. Sandro é diretor do Carlton Private Hospital, o maior centro médico de Vancouver tendo acesso restrito ao Banco de Sangue.

O sangue é a necessidade de todo vampiro e o seu consumo é a única coisa que nos mantém vivos, podemos nos alimentar uma ou duas vezes por semana no máximo. Nossa sede é forte e quase incontrolável.

Sandro ao longo dos séculos me ensinou a controlar o meu instinto e tornar-me menos susceptível ao sangue fresco. Para que isso fosse possível ele me fez ter remorso, arrependimento e a minha aceitação como um vampiro.

Em minha primeira noite em Paris depois de minha transformação em vampiro. Senti o ardor da sede queimar minha garganta pela primeira vez.

Seguindo meus instintos em certo descuido de Sandro fugi de sua casa. Cacei pela noite. Movia-me como o vento, sentia o aroma do sangue pulsante pelas ruas de Paris, estava prestes a atacar quando Sandro me deteve. Mais forte, me imobilizou enquanto dizia furioso:

– Não somos assassinos.

Depois de uma semana sentados em sua aconchegante sala aquecida pela lareira ele me disse:

– Sempre que um vampiro perde o controle, torna-se menos humano e mais cruel.

– Recebi um telefonema do diretor de sua escola. E ele me disse que você anda chegando atrasado às aulas – diz tirando-me de meus devaneios.

– Sempre fico muito distraído quando ando pela floresta.

– Seja mais pontual. Ele chegou a insinuar que não estou sendo um bom pai.

Sandro sorri.

– Claro papai.

Sorrimos.

Escalo os troncos das árvores, pendurado em um galho na copa de uma árvore eu observo as luzes da cidade. Vancouver é realmente linda a noite. Ao cair da tarde a floresta se silencia. O sol se põe. E permaneço no alto da grande conífera.

Olho para as estrelas. A luz da lua penetra na floresta criando sombras. Salto para um galho mais próximo e depois para o chão coberto de musgos.

Volto caminhando para casa.

Deitado em meu quarto ouço Sandro tocar uma linda melodia no piano. Ele sem dúvida é um grande pianista.

Fecho os olhos e o vejo sentado ao piano perto das grandes janelas. A brisa noturna agita as finas cortinas.

A eternidade é uma dádiva, nunca morrer... Permanecer sempre jovem e nunca conhecer a velhice. Mas com ela vem a solidão, o vazio que cresce a cada dia. Quando se é humano tem-se a certeza da morte, mais ou menos dias e com isso tudo é vivido com mais afinco.

Não acredito que minha humanidade veio a se perder com a minha transformação, mas ela se tornou algo adormecido em meu interior.

Durante todos esses séculos percebi que não há algo que valha a pena existir. A cada dia que se passa se torna mais tedioso. O mundo evolui, e diferente dos outros vampiros minha adaptação é demorada.

CAPÍTULO 4

Maria

Da janela do meu quarto eu observo as estrelas. Sobrevivi ao meu primeiro dia em uma escola nova. Acho que até tenho uma nova amiga: Mary. Mas ainda me sinto deslocada. Uma completa estranha.

Ruan está feliz com o novo emprego. Como se isso me importasse. Minha mãe e ele saíram para jantar fora. Não entendo como a minha vida veio a ficar assim, por um período pensei que só seria minha mãe e eu depois da separação dela com o papai, mas não foi. Em uma viagem à casa de minha avó em Tijuana ela o reencontrou. Coisa de paixão antiga.

Depois de alguns anos veio o casamento e a gravidez. No fundo estou muito feliz por ter um irmãozinho.

Viro e olho para uma foto minha com minhas amigas sobre a estante, sinto a saudade apertar meu coração. Olhando para o lado me vejo refletida no espelho.

Uma garota alta, de pele morena com os cabelos pretos com cachos na ponta. Meus olhos castanhos estão tristes, meus traços são completamente mexicanos. Acho que até sou uma garota bonita, mas que se acha a mais feia do mundo quando está perto de outras garotas.

Hoje também consegui odiar uma garota pela primeira vez: Rose Miler. Quem aquela garota acha que é? Tudo bem que ela é chefe de torcida e a maioria dos garotos da escola querem ficar com ela, mas ela não tem o direito de humilhar as pessoas.

Ser uma mexicana de 17 anos em um país estrangeiro é constrangedor. A maioria das pessoas age como se não pertencêssemos à mesma América do Norte.

Fecho a minha janela quando um vento frio começa a soprar. Sento em minha cama com um novo romance que minha mãe deixou sobre a mesa de cabeceira, ela comprou em uma livraria durante o seu passeio com Ruan pela cidade.

Leio a sinopse e vejo que se trata de um romance sobrenatural. Deito em minha cama enquanto começo a minha leitura.

Acordo com o barulho da janela aberta. As cortinas se agitam violentamente com o vento. O livro que estava lendo está aberto sobre meu peito. Olho para o relógio na mesinha. É meia-noite.

Levanto-me apoiando em meus braços. Vou até a janela fechando-a. Ouço um barulho vindo da cozinha.

– Mãe?

Silêncio.

Desço as escadas com os pés descalços. A sala está escura. Entro na cozinha, e ouço o barulho novamente.

– Mãe?

A cozinha está fracamente iluminada com a luz da lua, a janela está aberta e bate contra a parede por causa dos ventos. Eu suspiro aliviada. Fecho-a.

Virando-me para a porta congelo ao ver uma forma escura parada a porta.

CAPÍTULO 5

Luíz

Acordo. Jack lambe o meu rosto.

– Oi garoto.

Sorrindo acaricio o grande Husky Siberiano que está deitado ao meu lado. Jack é meu Dip, animal de um vampiro. Apoiando a cabeça sobre o meu peito ele me fita com os seus belos olhos verdes.

Seus pelos são brancos, puros e densos. Jack é muito carinhoso e atencioso. Brincalhão ele morde delicadamente a minha mão.

– Você está querendo passear?

Pulando da minha cama ele late e anda até a porta.

Jack é muito inteligente e bem treinado.

Saímos e juntos corremos para a floresta. À noite esta clara e iluminada pela lua. Jack feliz corre por entre os troncos das árvores. Dono de um forte instinto de caçador ele caça os coelhos, sobre a relva, fareja os pássaros e captura outros pequenos animais.

Juntos, nós dois andamos pela floresta que fica mais densa. Jack sempre indica o caminho. Depois de uma hora o perco de vista.

– Jack? – chamo olhando por entre as árvores.

Ele late ao longe como resposta.

Em fração de segundos estou ao seu lado.

– O que foi garoto?

Pergunto, enquanto Jack late em direção a uma pequena caverna na encosta da montanha.

Ando até a abertura escura da caverna. Ouço pingos de água em seu interior. Farejando o ar. Sinto um arrepio e meu corpo enrijece. Olhando para baixo vejo um cadáver de uma garota apodrecer.

– Ele matou, Sandro.

– Acalme-se Luíz, não sabemos ainda se realmente foi ele.

– Então quem seria?

– Outro vampiro... Ou até mesmo um humano...

– Um humano?

– Você sabe que existem humanos que cometem mais atrocidades que muitos vampiros.

– Um humano não faria isso.

– Ainda não sabemos. Você o está vigiando desde que ele chegou a Vancouver. Ele nunca fez nada antes, não faz sentido fazer agora.

– Ele não sabe que sou um vampiro.

– Ele ainda é jovem, diferente de nós que somos mais velhos e sabemos nos ocultar de outros vampiros. Mas ele sabe que se deve honrar o domínio dos outros vampiros. Ninguém pode desafiar dentro dele.

– Como você pode ter tanta certeza disso?

– Ora Luíz, vivemos no século das informações. Um vampiro nunca está no escuro, não como no passado.

– O que vamos fazer?

– No momento nada. Ainda não temos a certeza se a morte foi causada por um vampiro. Não podemos informar a polícia, os humanos não podem ficar alarmados. Vamos ocultar o corpo.

Sandro e eu somos os únicos vampiros residentes em Vancouver assim somos responsáveis pelo nosso domínio e tudo e todos os que estiverem dentro dele.

CAPÍTULO 6

Maria

– Madre. – digo ofegante com o susto.

– Oi querida.

Minha mãe acende a luz.

– Desculpe pelo susto.

– Está tudo bem?- pergunto vendo-a colocar a mão na barriga ao sentar

– Estou apenas sentindo umas dores bobas.

– Você precisa de alguma coisa?

– Não se preocupe querida, são dores normais em uma gravidez. Então como foi o seu dia na escola?

– Legal. Eles têm bons professores.

– Você já fez alguma amizade?

– Bem acho que sim. Ela se chama Mary...

– Isso é ótimo, querida. Ela tem o mesmo nome que você.

– Eles não são exatamente iguais mãe.

– Mas ambos significam a mesma coisa.

Sento-me à mesa.

– Conheceu algum garoto bonito lá?

– Mãe!

– Ah, querida não faça essa cara.

– Não gosto de falar sobre isso com você.

– Por que não? Eu sou sua mãe. Também sou mulher e sei apreciar garotos bonitos.

Sorrio um pouco envergonhada por minha mãe estar falando de garotos comigo.

– Bem eu ainda não conheci... Mas existem garotos bonitos lá sim.

Minha mãe sorri.

– Você é uma garota muito bonita, tenho certeza que você deixou muitos deles interessado por vocês.

Fico vermelha.

– Vou dormir.

– Boa noite querida.

Volto para o meu quarto. Deito em minha cama. Pego o meu livro e o olho. Acho que fiquei meio paranoica depois que o li. Coloco-o sobre a mesa de cabeceira, e apago a luz.

No escuro fico vendo as sombras dos galhos da cerejeira na parede que entram pela janela. Ouço minha respiração. Não penso em nada apenas sinto o silêncio e deixo o sono me envolver.

Acordo com o despertador gritando em meu ouvido. Coloco o travesseiro sobre minha cabeça enquanto solto um gemido.

Forçada me arrasto até o banheiro. Meus cabelos estão revoltos. Escovo os dentes e depois desço para tomar café.

Sento-me à mesa para o café da manhã.

– Buenos dias – diz minha mãe enquanto coloca tortilhas na mesa.

– Buenos.

– ¿Cómo fue su noche?

– Bien.

– Hum o que temos aqui? – diz Ruan entrando na cozinha e beijando minha mãe.

Levanto-me e vou até a porta da cozinha. Preciso respirar um pouco de ar fresco.

CAPÍTULO 7

Luíz

A luz do sol ofusca a minha visão.

Fecho a porta de casa, enquanto semicerro os olhos. O dia está ensolarado, é verão. O céu é de um azul intenso. No verão o sol em Vancouver se põe às dez da noite.

O dia está perfeito para ir à praia. Caminho por Gastown, o meu bairro, é o mais antigo da cidade, restaurado na década de 70.

Ir a escola foi uma das coisas que fui obrigado a fazer para vigiar um vampiro em Vancouver. Não sei quais são as suas intenções nem porque ele quer se passar por um estudante. Talvez ele seja um vampiro que não quer abandonar sua vida humana ou talvez tenha escolhido a escola como sua área de caça.

Nunca me vi cursando o 3º ano na Vancouver High School ou me passar por um garoto de 18 anos enquanto na verdade tenho 401 anos. No meu primeiro dia na escola me senti estranho, uma peça antiga no meio de várias peças ultramodernas.

Sandro me disse como agir, como me vestir. Os humanos são interessantes em alguns aspectos. Principalmente quando se trata do sexo oposto. É como se estivessem numa trama de mistérios que leva à conquista e ao sexo.

Os jovens são criaturas belas, alegres e tristes. Possuem variações de humor. São diversas pessoas em uma só. Assim que comecei a fazer parte desse mundo resolvi me afastar. Sempre a observar e a escutar.

Acho que eles possuem um nome para isso: antissocial. Sempre no meu espaço. Vi a irritação das garotas ao perceberem que nenhumas delas me despertava algum interesse, os olhares receosos dos garotos ao temerem perder suas preciosas garotas.

Mal sabem eles que para nós vampiros o seu sangue é o que mais nos interessa. Preciosas presas que há muito tempo alguns vampiros renunciaram.

Ando descontraído. Puxo os lábios em um sorriso ao me ver nessa cena. Um jovem de porte atlético, loiro com o olhar distante de mochila a caminho da escola.

Então olhando para os lados certificando de que não há ninguém na rua, corro um pouco rápido demais para os olhos humanos.

O vento desalinha meus cabelos e os raios do sol aquecem minha pele. Corro próximo às arvores passando pelos quintais gramados e arborizados de antigas mansões.

Salto do alto de grandes rochas dando cambalhotas e piruetas no ar.

Sem perceber, paro em um quintal de uma casa de dois andares em algum lugar no subúrbio de Vancouver. Não sei o que me faz parar. A sebe verde está bem aparada, a grama se estende por todo quintal ainda molhada pelo orvalho.

Há grandes lençóis brancos pendurados no varal. Eles se agitam levemente com o vento. Eu me sinto atraído a andar entre eles e é isso o que eu faço.

Caminho por entre o labirinto de lençóis. Mesmo lavados eles ainda guardam um cheiro doce e embriagante. Um perfume que me atrai e me excita. O cheiro humano ainda é evidente mesmo estando misturado ao cheiro do amaciante de maçã.

Noto a presença da fonte do cheiro como se fosse algo instantâneo. Posso senti-lo ficando cada vez mais perto. Imobilizo-me. De longe observo.

Ela está parada em pé na varanda da cozinha. A origem desse cheiro viciante. Linda. Ela não pode me ver, sou silencioso demais e imperceptível quando quero. Mesmo se pudesse ela também está de olhos fechados. Com a cabeça virada para o alto sente o sol tocar a sua pele.

Sua pele morena é levemente iluminada pela luz do sol. Há um sorriso oculto em seus lábios cheios. Seus cabelos pretos cacheados caem em cascata pelas suas costas. Ela usa apenas uma camisola que dá contorno ao seu belo corpo. Seus braços nus caem ao lado do corpo.

Não sei dizer por quanto tempo ela fica desse jeito. Parada de olhos fechados, sentindo o sol aquecer a sua pele. Minha garganta arde seca enquanto a espio. Meu corpo treme com a vontade de saciar a minha sede em seu pescoço delicado e macio.

Engulo a seco. Meus olhos lagrimejam com o fogo em minha garganta. A sede é avassaladora. Nunca bebi sangue direto de uma vítima. E nunca me senti tão atraído a fazer isso como agora.

De repente sou tomado por um pensamento triste. Com a possibilidade de matá-la. Sinto culpa por querer o seu sangue, por desejar matar um humano. Eu não havia pensado direito no momento em que a vi aqui. Penso em como eu verdadeiramente me sentiria depois de saciar a minha sede. Aqueles momentos prazerosos passariam e eu me sentiria um assassino. Um monstro. Tomado pela culpa, em um simples movimento eu estou correndo, deixando-a para traz.

Tudo não passa de borrões a minha volta, meus pés mal tocam o chão.

CAPÍTULO 8

Maria

Entro na cozinha. Ter o sol aquecendo a minha pele por alguns momentos foi o suficiente para avivar as lembranças do calor de Acapulco, e sentir saudades agora é doloroso demais.

A TV da cozinha está ligada. Coloco um pouco de café fumegante em uma xícara. Tomo alguns goles enquanto tento prestar a atenção no que passa na TV.

É minha mãe que me lembra do horário da escola gritando da sala. Subo correndo para o meu quarto. Jogando minha camisola na cama entro no banheiro. Visto um jeans e uma blusa branca básica. Meu cabelo cai em ondas sobre os meus ombros.

– Já vou indo. – digo passando pela sala.

– Vaya con Dios.

Ouço minha mãe gritar da cozinha enquanto saio de casa.

– Olá. – diz Mary feliz. Ela usa um laço vermelho no cabelo seus olhos verdes brilham com a luz.

– Oi. – digo sentando em um banco embaixo de um pinheiro.

– Então você tem alguma coisa pra fazer hoje à tarde?

– Não.

– Então nos duas vamos à praia hoje. É verão e tem muitos turistas gatos.

– Eu não sei.

– Maria você sabe sim. Te pego às três horas.

Mary sai andando em direção à biblioteca.

Fico sentada por alguns segundos olhando para os outros estudantes. Todos estão tão felizes e animados.

– O que você esta fazendo aqui sozinha?

– Oi. – digo colocando o cabelo atrás da orelha.

Henry senta-se a meu lado. Ele usa uma camiseta justa deixando em evidencia os músculos de seu peito. Em seu ombro largo e forte está pendurada uma mochila. Seus cabelos em cachos caem sobre a testa. Seu olhar é sedutor.

– O que você vai fazer hoje?

– Bem, Mary me convidou para ir à praia.

– Hum... isso é legal.

Ele parece desapontado.

Estou nervosa. Henry levanta os olhos.

– Pensei em te convidar para sair... Quando você estiver livre quem sabe.

Abro a boca para dizer algo, mas Henry sai acenando.

Desconsertada olho para os lados e percebo o garoto loiro de olhos azuis, chamado Luíz desviar o olhar e andar em direção a entrada.

– Eu não acredito! Você devia ter dito ao Henry que estava livre.

– Mas porque eu diria isso se você já tinha me chamado para ir à praia.

– Mas Maria você poderia estar com Henry agora.

Sorrio balançando a cabeça.

– Tenho certeza que ele vai te chamar para sair de novo.

– Não quero sair com Henry.

– Por que não?

– Ele é muito gato, mas não faz muito bem o meu tipo.

– Maria...

Impeço o que Mary vai dizer entrando no banheiro de casa para colocar o meu biquíni.

– Enquanto você não encontra alguém que faça o seu tipo pelo menos se divirta com quem não faz. – diz Mary atrás da porta.

Sorrio, Mary com toda certeza é completamente maluquinha.

Vamos a uma praia chamada White Rock que fica há 45 km de Vancouver. Localizada na cidade do mesmo nome. White Rock é uma cidadezinha que mais parece uma vila, é muito pequena, mas muito charmosa.

Desço do carro e olho para o mar a minha frente. Na praia há uma enorme pedra branca.

– Vamos nadar. – diz Mary sorrindo e me puxando pelo braço.

– Agora não.

Digo sentando em uma pedra e vendo o mar. A brisa agita os meus cabelos.

– Tudo bem, mas você se importa...

– Não, claro que não.

– Já volto.

Vejo Mary ir em direção ao mar.

Depois de algum tempo distraída começo a andar pela praia, observo meus pés andarem sobre as rochas. Levantando os olhos percebo que acabo me afastando um pouco da areia.

Olhando para o mar vejo alguém mergulhando. A água gelada toca os meus dedos. De longe vejo alguém emergir. Seus cabelos loiros estão molhados, ele nada até o outro lado e com uma agilidade incrível sobe as pedras até o topo do penhasco e salta.

Luíz grita de adrenalina e mergulha na água. Seu corpo perfeito e musculoso espalha a água. Depois de emergir novamente ele olha em minha direção. Seus olhos azuis são inquisidores.

Desconcertada saio andando. Depois de alguns segundos esbarro em algo. Braços fortes me envolvem me impedindo de cair na água.

– Nossa! – digo com o coração pulsando e sinto meu corpo bater contra outro.

– Cuidado.

Olho para o dono dos braços que me envolvem.

– Henry?

– Olá. – diz sorridente.

– Desculpe – digo tirando a mão do seu peito duro.

– Você esta perdida?

– Um pouco.

Ele sorri.

– Vamos, te mostro o caminho.

Segurando minha mão ele me guia por entre as pedras.

– Eu não sabia que você estaria aqui?

– Eu não tinha nada pra fazer então resolvi vir à praia também.

Sua mão grande envolve completamente a minha.

Ele usa apenas uma bermuda florida. Sua barriga bem definida se contrai levemente com os seus passos. É impossível não olhar.

– Onde está tua amiga?

– Ela foi nadar um pouco.

Assim que chegamos de volta à praia noto que quase todos os alunos da Vancouver High School estão aqui. Todos param e olham para mim e Henry. Sem entender direto olho para Mary e ela levanta uma sobrancelha.

Eu não havia notado, mas ainda estou segurando a mão de Henry. Corando a solto.

– Obrigada Henry. A gente se vê.

Dando-me um sorriso torto ele acena com a cabeça.

Olho para todos parados a minha volta e abaixo a cabeça. Mas antes vejo que Luíz esta parado perto de um homem alto e forte. Ele está sério.

– Ai meu Deus. O que você estava fazendo com o Henry? – sussurra Mary quando eu me aproximo.

– Nada.

– Como assim Maria. Simplesmente nada?- pergunta indignada.

Fuzilo-a com o meu olhar.

– Tá bem. Desculpa.

– Vamos embora.

– Mas já!

Não digo nada só entro no carro. Mary resmunga algo e entra em seguida.

CAPÍTULO 9

Luíz

– O que ele está tramando? – digo apertando meu maxilar.

– Quem é a garota?- pergunta-me Sandro.

– Uma aluna nova.

Sandro fica pensativo.

– Você tem que protegê-la.

– O que? – pergunto olhando para Sandro.

– Ela pode estar em perigo. Uma presa fácil. Se ele a matar não levantara suspeitas.

– Não vou bancar o guarda-costas.

Sandro suspira.

– Você se esqueceu de que somos os guardiões dessa cidade e que todos que vivem nela são de nossa responsabilidade?

– Isso não significa que eu tenha que me tornar o guarda-costas de uma garota.

– Não temos outra escolha Luíz. Temos um vampiro em nossa cidade que pode ameaçar o segredo de nossa existência. Não sabemos os seus planos e agora ele parece está se envolvendo com uma garota humana. E você tem que superar a morte de Gabrielle.

Sinto uma dor intensa me dominar quando Sandro diz esse nome.

– A morte dela não tem nada haver...

Sinto meus olhos queimarem em fúria.

– Não parece. – diz Sandro vestindo a camiseta.

Sem olhá-lo ando em direção à praia. Sentindo-me consumido pela saudade e a dor da perda.

A conheci em 1773 em um baile no Château de Versailles. Gabrielle era a dama mais bela de todas no baile. Seus gestos meigos encantavam a todos. Seus cabelos vermelhos caiam sobre os ombros. Seus olhos verdes se fechavam com os cílios longos.

Apaixonei-me assim que a vi. Senti algo tão forte que abalou toda a minha existência. Usando um belo vestido lilás, tímida baixou os olhos ao meu olhar.

Desejei tocar-lhe os seus belos lábios rosados com os meus. O salão estava cheio, sem jeito a vi caminhar em direção aos jardins. Percebendo que Sandro conversava com um amigo sai despistadamente e a segui.

Os belos jardins de Versailles estavam iluminados pela luz da lua cheia. Ao longe se ouvia o soar de um chafariz. Ela estava parada a uma distância.

– Como são belos os jardins. – disse me aproximando e parando ao seu lado.

– Esplêndidos.

Notei que sua respiração estava acelerada.

– Mas eles não são tão belos quanto você.

Ela corou com o meu elogio.

– Será que a senhorita me daria à honra de saber o vosso nome?

Sorrindo ela olhou para mim. Seus olhos verdes encontraram os meus.

– Gabrielle Angel.

– Sinto-me honrado por conhecê-la. Sou Luíz Giovanni.

– É um prazer conhecê-lo senhor Giovanni.

Disse sorrindo timidamente antes de voltar para o baile.

Gabrielle morava na aldeia de Versailles, centrada em um pequeno castelo e igreja, localizada na estrada de Paris para Dreux e para a Normandia.

Depois do baile tornei a vê-la e nossos encontros tornaram-se algo diário. E a cada dia me envolvia com aquela bela jovem me tornando perdidamente apaixonado.

Escondi meu desejo por ela. Sabia o quanto era perigoso o meu amor por ela. Enfim a cada dia eu estava mais próximo do seu sangue. Sabia que por um descuido meu eu poderia revelar quem eu realmente era, pondo em risco todos de minha espécie.

Todos os vampiros depois da inquisição para sobreviverem passaram a ser regidos por uma lei. A lei do sangue: o código de honra dos vampiros dita que nenhum mortal deve saber da existência dos vampiros. Simples e fácil de entender, qualquer quebra da lei é punida com a morte.

Mas confesso que naquele momento nada disso me passava pela cabeça. Somente uma coisa importava: o meu amor por Gabrielle.

Porém, em uma noite de outono tudo mudou. A aldeia estava em alvoroço. Parando uma senhora que corria pelas ruas perguntei o que estava acontecendo e ela me respondeu:

– Um incêndio na casa dos Angel.

Meu corpo enrijeceu com a notícia. Fui tomado por uma onda de desespero e corri em direção à casa.

Vi o mundo desabar sob meus pés quando vi a casa de Gabrielle em chamas. Meu grande amor estava em perigo. Pessoas gritavam pela rua.

– Gabrielle? – gritei.

Mas o calor das chamas me fez recuar. Não pude fazer nada o fogo estava consumindo tudo. O fogo era uma ameaça para mim. A única coisa existente capaz de matar um vampiro.

Desesperado me preparei para entrar quando Sandro me impediu envolvendo meu peito com os braços.

– O que você esta fazendo Luíz?

– Estou indo salvá-la.

– Você não pode.

– É claro que posso.

– Não Luíz é tarde demais.

Ouvindo a verdade de suas palavras cai de joelhos chorando como uma criança. A dor me devorava por dentro.

Olhando para a casa tomada pelas chamas em minha mente tive um vislumbre de Gabrielle parada a janela. Com os cabelos soltos, seus olhos fixos nos meus e com o seu discreto sorriso tímido enquanto as chamas consumiam o seu quarto.

Naquele momento Sandro entendeu o que se passava.

Com a morte de Gabrielle tudo mudou. Sandro me disse tempos depois que sua morte não havia sido acidental, e sim causada pelos Imperias, mestres das disciplinas, vampiros poderosos que controlam diversos acontecimentos da vida vampírica. Sandro disse-me que na noite do baile um de seus agentes estavam presentes e viu como agi com Gabrielle. E sua morte fora como algo preventivo já que eles suspeitavam que ela soubesse que eu era um vampiro. Não consegui acreditar no que ele disse... Eu não queria acreditar.

Uma promessa: nunca mais me apaixonar.

Meu coração foi partido e parte do que eu achava que ainda estava vivo em mim morre lentamente. A dor abriu uma ferida que cada dia se torna maior. Estou entorpecido pela dor. Sou um zumbi sem vida, sem rumo que vaga por ai.

Sinto-me só, oco por dentro. Meu coração machucado e torturado bate no ritmo das lembranças que sempre invadem minha mente.

Queria arrancá-lo do meu peito. O tempo não passa para mim, ele se arrasta aumentando ainda mais a saudade.

Chorando despedaço uma grande rocha com um soco. A praia esta envolvida pela escuridão assim como o meu coração.

Assim que entro em casa sou recebido por Jack que feliz ao me ver abana o rabo.

– E ai garoto.

Acaricio suas orelhas.

Encontro Sandro na sala de TV.

– O que você esta vendo?

– Um seriado de vampiros. – diz sorrindo.

Balanço a cabeça.

– A cada dia que passa os humanos estão mais perto da verdade.

– Mas eles nunca acreditaram em nossa existência. Não somos nada mais que uma ficção da qual eles gostam.

– Isso significa que talvez esteja na hora deles saberem a verdade já que gostam de nós.

– Não é bem assim, se eles realmente soubessem não iriam gostar, acredite nisso.

Suspiro.

– O que você quer que eu faça em relação à humana?

CAPÍTULO 10

Maria

Rose Miler: Asquerosa, nojenta e metida. Essas são as poucas palavras que posso usar para descrever a detestável líder de torcida da minha escola.

Não sei qual é o problema dela, não sei por que do nada, ela começou a me perseguir. Bem, pensado melhor acho que sei o porquê. Se ela acha que vou deixar de ser amiga da Mary está enganada.

Segundo Mary tudo começou no 1º ano, elas se detestaram assim que se viram pela primeira vez. E por ironia do destino, ambas se apaixonaram pelo mesmo garoto: Cam. Tudo começou com ele.

No fim, ambas estavam inteiramente envolvidas. O pior é que o maior safado na história foi ele. Cam logo percebeu que havia duas garotas na escola super afim dele, então tratou logo de ficar com as duas, sem elas saberem, claro. Mas é como o meu pai sempre dizia *"Não há mentira que dure para sempre"*. Mary foi quem descobriu tudo. Cam só queria usá-las, na noite do baile ela descobriu que o Cam estava transando com a Rose. Arrasada e louca por vingança tratou de descobrir o quarto em que eles estavam dormindo. Dizendo a todos que o Cam e a Rose estavam dando uma festa particular foram todos para lá. O final foi trágico e constrangedor.

Mary tem a foto que tirou do Cam abrindo a porta com cara de bobo e Rose ao fundo praticamente nua. A partir daquele dia a guerra estava travada. Cam, como a maioria dos garotos aproveitadores que só querem sexo, deixou as duas.

Rose tornou-se sua pior inimiga e sempre fez tudo para prejudicá-la e a quem fosse sua amiga.

Estou sentada embaixo de uma árvore no gramado da escola. Morta de vergonha e de raiva dos boatos que Rose espalhou pela escola ao meu respeito e do Henry. *"Não posso acreditar que ela disse que nos viu transando ontem. Isso é um absurdo!"*

– Está tudo bem?

Ouço uma voz masculina. Furiosa, levanto a cabeça.

– O que você quer Henry...? – paro de falar enquanto olho para os olhos azuis de Luíz.

– Desculpe, mas você está se sentindo bem? – pergunta ele se agachando a minha frente.

– Estou sim obrigada. – respondo sentindo-me envergonhada.

Sem esperar tremo com o toque dos dedos de Luíz que limpam uma lágrima que foge do meu olho.

Dando um suspiro ele diz:

– Não fique assim. Não vale a pena você ficar triste por causa deles.

Não digo nada. Olho para o meu diário aberto em meu colo.

Luíz me observa por alguns segundos depois senta-se ao meu lado. Sinto seu ombro roçar no meu e uma onda de calor.

– Sou Luíz Giovanni muito prazer.

– Maria Mercedes. – digo esperando ele rir do meu sobrenome como todos os outros.

Mas ele não ri. Tem o olhar fixo em algo distante.

– Você não é daqui certo?

– Nem você. – digo.

Ele sorri.

– Nasci em Paris.

– Nossa! E por que veio para cá?

Ele puxa os lábios vermelhos como sangue em um sorriso.

– Todos sonham em vir para a América não é.

– Não se soubessem como ela realmente é.

Ele sorri mais uma vez. Não me contendo olho para o seu sorriso perfeito que também me faz sorri.

– Em todos esses anos nunca conheci o México.

– Falando assim parece que você já viveu muito. – digo sorrindo. – Quantos anos você tem? 18 anos?

Luíz abaixa a cabeça e dá um sorriso misterioso.

– Sei como você se sente morando em um lugar em que você não parece pertencer.

– Mas você parece ter se adaptado muito bem aqui. – digo pegando uma folha amarela na grama movimentando-a por entre os dedos.

– Nem tanto.

Ficamos um momento em silêncio. Um momento só nosso. Onde ficamos pensando nas nossas vidas, nos nossos países. Confesso que estar sentada aqui ao seu lado é muito reconfortante.

Sei que ele só esta sendo solidário, mas essa atitude me deixa feliz.

O sinal soa.

– Temos que ir. – diz se levantando.

– Você não vem?

Luíz estende a sua mão e eu a pego. Com um movimento rápido e leve ele me levanta. Meu corpo vai de encontro ao seu. Nossos olhares se cruzam com a aproximação de nossos olhos.

– Ai está você. – diz Mary aparecendo. – Te procurei por toda a escola...

Vendo quem esta comigo ela me olha surpresa.

Rapidamente me solto dos braços fortes de Luíz, pegando minha mochila encostada no tronco da árvore sorrio para ele e ando até Mary.

– O que vocês estavam fazendo? – sussurra Mary para mim enquanto entramos na escola.

– Nada, ele apenas estava ajudando-me a levantar.

Ela me olha com um olhar de *''não acredito no que você está dizendo. ''* Mas não rendo o assunto.

CAPÍTULO 11

Luíz

Confesso que ao vê-la triste me deu vontade de consolá-la. Não sei o que me aconteceu, mas tive vontade de abraça- lá e ter sua cabeça apoiada no meu peito.

Ando em direção à escola. Vejo que ela está indo com sua amiga sussurrando-lhe algo sobre o que estávamos fazendo.

Sorrio.

Maria parece ser diferente das outras garotas. Sensível às provocações das alunas; frágil na escola.

Por um momento, enquanto conversávamos embaixo daquela árvore, pensei em desistir do plano de Sandro.

Ele deve estar louco achando que se eu a conquistar ela deixará o vampiro Henry de lado. Enfim há um grande problema, não posso conquistá-la! Fazer com que ela pense que estou afim dela e depois que eliminarmos o vampiro fingir que nada aconteceu, mas também não posso deixá-la a mercê da sede de um vampiro.

Estou confuso, não vejo nada simples nessa tarefa embora Sandro me disse que os jovens deste século vêm um relacionamento como algo passageiro, um "lance" como eles dizem.

Minha tarefa é mantê-la afastada de Henry, ocupada enquanto Sandro descobre o que ele planeja em Vancouver.

Maldito vampiro!

Assim que entro na sala de aula a vejo sentada em seu lugar, ela parece estar concentrada em um livro que lê.

Observo-a novamente enquanto a aula não começa. Seus olhos com longos cílios pretos percorrem as páginas do livro. Delicadamente ela coloca uma mexa de cabelos atrás da orelha, ela é tão natural.

Começo a ficar curioso ao seu respeito. Quero saber das coisas que gosta. Como é a sua vida depois da escola. Qual é o motivo de está em Vancouver.

Droga! O que está acontecendo comigo? Que pensamentos estranhos são esses?

Balanço minha cabeça e olho fixamente para frente. Não devo me distrair facilmente. Qualquer deslize pode causar grandes consequências. Concentro-me no quadro negro tentando manter o foco nos pensamentos mais coerentes.

O professor entra na sala e logo dá início a nossa primeira aula.

O tempo é tão estranho para mim. Tenho todo o tempo do mundo já que sou imortal, diferente dos humanos que a cada minuto pode ser o seu último. Mesmo assim de alguns dias para cá ele parece ser o mesmo para ambos. Arrastam-se lento quanto mais desejo que passe rápido e se acelera nos momentos que mais anseio serem eternos.

As aulas humanas estão se tornando extremamente chatas. Olho para o relógio da parede durante uma longa explicação do professor de História. Desligo-o de minha mente e começo a recordar a história da criação de Sandro, ele é mais velho que eu, Sandro tem quase 800 anos de idade, ele tinha 25 anos quando foi transformado. Ele me disse que foi no ano de 1234 em algum lugar na Itália.

O sol acabara de se pôr. A lua estava no céu, derramando seu pranto cor de prata. Sua luz mística iluminando as copas silenciosas das árvores. Observou uma coruja voar e pousar sobre um galho acinzentado e retorcido.

Um vento frio agita as copas das árvores.

A coruja ruflou as asas e graciosamente empoleirou-se em um galho mais próximo.

– Está querendo me dizer algo bela ave?– perguntou.

Nisso, a ave fechou as asas e moveu a cabeça de um lado para o outro, olhando cuidadosamente para as árvores escuras, depois deu um pio áspero.

Sandro viu um vulto mover-se sobre os galhos das árvores. Seu coração tremeu de excitação ao ver o desconhecido. Afastou-se da janela dando dois passos para trás. Todos estavam dormindo, podia-se ouvir o suar leve de suas respirações.

O pio agudo da coruja ainda ecoava em sua cabeça. Seria o seu pio um sinal de mal pressagio? Pensou. O pio lúgubre das corujas sempre aviva os pensamentos tristes que os homens carregam no fundo da alma.

Para espantar a inquietação que crescia em seu corpo foi para a janela fechou-a e se deitou sobre sua cama que rangeu com o peso do seu corpo.

Com a cabeça apoiada no travesseiro ouviu o leve farfalhar das folhas ao vento, o coaxar dos sapos e o cricrilar dos grilos.

De repente tudo se silenciou. Sandro percebeu a ausência dos sons e se levantou lentamente. Caminhou até a porta e parou no corredor.

Sentiu as tábuas frias do assoalho em seus pés descalços. Flexionou os seus dedos numa tentativa de afastar aquele frio desconfortável.

Começou a dar leves passos pelo corredor. Sentia-se inquieto com o silêncio.

– Mamma? Padre? – Chamou por seus pais.

Sua voz pareceu ecoar pelo corredor. Parou em frente à porta do quarto das irmãs gêmeas.

– Marianna? Dafne? – chamou.

Mas não ouve resposta. De repente ouviu um estalo e fogo se alastrando pelo teto de palha. As línguas de fogo corriam como serpentes consumindo tudo.

Desesperado forçou a porta do quarto das irmãs, mas ela não abriu. Tentou abrí-la jogando seu corpo contra ela, mas só conseguiu alguns hematomas.

Correu em direção ao quarto dos seus pais quando um pedaço do teto desabou a sua frente formando uma barreira de fogo.

– Mamma? Padre? – gritou com todo o seu fôlego. As chamas corriam pelas paredes de madeira, a fumaça cinza espalhou-se pelo corredor. Sentia o calor do fogo fazendo sua pele arder.

Ficou apavorado. Correu em direção a escada, tinha a esperança que talvez os seus pais e irmãs estivessem lá embaixo.

O fogo estava em toda parte.

Correu até a pequena sala. Depois foi correndo até a cozinha gritando seus nomes. Mas não ouve resposta. O calor se tornava insuportável. Seus cabelos longos estavam grudados em seu rosto encharcado de suor. Lágrimas começaram a brotar em seus olhos embaçando ainda mais a sua visão que estava distorcida por causa da fumaça. A cozinha começou a pegar fogo.

– Padre? Mamma? Marianna? Dafne? – gritou desesperado.

Sandro correu para o estábulo. O cavalo relinchava e empinava em sua baia desesperado com o fogo.

Com o coração saindo pela boca, Sandro abriu a baia e saltou sobre o pelo negro do cavalo que correu para a porta do estábulo em direção à escuridão da noite.

O céu estava iluminado pelo clarão do fogo e pelos relâmpagos. Uma chuva grossa começou a cair. Sandro chorando virou o cavalo e olhou para sua casa em chamas.

O mundo pareceu ruir a sua volta. Batendo no flanco do cavalo disparou em direção da aldeia em busca de ajuda.

A chuva encharcou suas roupas. O vento gelado ardeu sua pele branca. O cavalo negro correu a toda velocidade pela floresta.

De repente um vulto escuro cruzou seu caminho. O cavalo empinou. Sandro segurou-se firmemente em sua crina agarrando-a por entre os dedos.

O cavalo saiu em disparada. Sandro arfava. Olhando para os lados viu que o vulto corria ao seu lado movendo-se com uma velocidade sobre-humana por entre as árvores.

Sandro não sabia mais o que fazer. Rapidamente o vulto desapareceu. Ele respirou aliviado, enquanto o cavalo continuava correndo.

De repente o mesmo vulto surgiu à sua direita saltando sobre ele o fez cair do cavalo.

Quando Sandro acordou estava deitado nu sobre uma pedra.

– Tu és lindo. – ouviu uma voz dizer.

Sentindo a dor do impacto correr pelo seu corpo perguntou:

– Quem é você?

– Não sou ninguém. – respondeu.

– Você é a morte?

– Não. Sou aquele que traz a vida eterna.

– O que você quer de mim?

– Sua companhia. Você é meu escolhido.

– O que fez com minha família?

– Ela foi o sacrifício para a sua eternidade.

– Não a quero.

Um sorriso.

O vulto se aproximou. Seus olhos eram azuis como o céu. Seus cabelos dourados como o sol. Seus lábios perfeitos e vermelhos com um sorriso extremamente branco.

– Um anjo. – sussurrou Sandro suas últimas palavras humanas antes de ficar inconsciente.

Volto minha atenção para a sala de aula, olho para Maria. Concentrada ela tem o queixo apoiado em uma das mãos enquanto ouve a explicação do professor.

CAPÍTULO 12

Maria

Caminho para o dia nublado do lado de fora da escola. Coloco meus fones de ouvidos. Sinto uma onda de conforto e prazer ao ouvir o som de Evanescence.

Olho para o céu carregado de nuvens escuras. Sinto o vento frio agitar os meus cabelos e acariciar meu rosto, mergulho em um estado de torpor enquanto caminho de volta para casa.

Enquanto ando a passos largos me torno uma expectadora atenta a tudo em minha volta. As nuvens escuras lá no alto, aos corvos pousados sobre os galhos agitados das árvores. As pessoas perdidas em seus pensamentos.

A música me revigora. Me da vontade de voar. Sinto-me como uma personagem de um dos meus romances favoritos. Como se isso fosse possível. Sorrio feliz.

Devo estar parecendo uma louca agora.

O vento sopra mais forte, pingos fortes de chuva começam a cair sobre a calçada e sobre os carros em movimento na rua.

Corro para me abrigar na entrada de uma loja.

Visto um casaco que trago na bolsa, aumento o volume do meu iPod enquanto aperto o casaco sobre o meu peito.

Olho para a chuva que cai cada vez mais forte.

Um Mustang preto 1968 para na minha frente. Olho atenta enquanto lentamente o vidro preto se abaixa revelando um lindo par de olhos verdes.

– Posso te oferecer uma carona? – Ouço a voz de Henry enquanto ele sorri.

– Não precisa obrigada. – digo tirando os fones de ouvido.

– Você vai ficar ai na chuva?

– Já passa.

– Maria porque você esta me evitando?

– Não estou te evitando.

– Não está me parecendo. O que foi que eu fiz?

– Nada.

– Então será que você poderia fazer o favor de entrar no carro. Droga, minhas calças estão começando a ficar molhadas.

– Está bem.

Ele sorri com a minha resposta abrindo a porta do carro.

O interior do carro está quente, esfrego as palmas de minhas mãos nas minhas coxas.

Henry ainda sorrindo arranca o carro e liga o som.

– Então, quando é que vamos sair?

– Bem, ainda não sei. – digo sem graça.

– Assim não vale Ma.

Ma? De onde ele tirou esse apelido? Céus!

– Minha mãe, ela não gosta que eu saia. – minto.

– Hum... E se eu falasse com ela?

Por que ele faria isso?

– Não sei Henry...

– Até parece que você não quer sair comigo.

– Não é isso é que... "como vou dizer a ele que nunca sai com um garoto antes!" – Bem...

– Você não sabe, não é? – diz sorrindo.

Desisto. Que garoto se interessaria por uma garota como eu?

– Olha Ma, se o problema for sua mãe eu falo com ela, o importante é que eu não quero que você fique estranha comigo e aceite o meu convite para sair.

Sorrio. Henry está sendo muito legal comigo.

– Pode deixar. Prometo que dobrarei minha mãe.

Estampando em sua face aquele sorriso lindo ele segura a minha mão.

Minutos depois paramos de frente à minha casa na área residencial do subúrbio de Oakidge, situado ao sul. Nos despedimos, entro em casa, subo correndo para o meu quarto. Pego meu celular e ligo para Mary.

– Lighthouse Park será onde faremos nossa excursão. – diz a Senhora Emma, professora de Biologia. – Localizado na costa norte, fica a 40 minutos de Vancouver. Então na segunda feira não se esqueçam de usar calçados confortáveis e com solados adequados.

Saio da sala de Biologia animada com a notícia da excursão. Encontro Mary no refeitório. Estamos na hora do almoço.

– Ei, o que vamos fazer esse fim de semana? – pergunta ela sentando-se ao meu lado da mesa.

– Ainda não pensei em nada.

– Que tal a gente ir a uma boate?

– Uma boate? Não sei não Mary.

Nunca gostei muito de dançar.

– Mas por que não Maria? – pergunta ela fazendo biquinho. – Nós íamos nos divertir tanto, sem falar na quantidade de garotos bonitos que vão estar lá. Você sabe que não posso ir sozinha.

Detesto quando ela faz essa cara. Ela me desarma.

– Está bem, vou pensar.

– Te amo amiga. – diz me dando um abraço.

A música soa alta e os corpos se contorcem com o seu ritmo. O baixo bate de encontro a meu corpo. Tum, Tum, Tum. As luzes bruxuleantes do teto me deixam cega no meio dos movimentos dos corpos. A fumaça no meio das luzes cria um efeito de completo movimento.

"Que diabos estou fazendo aqui?" – pergunto a mim mesma.

Já faz mais de meia hora que Mary desapareceu com um carinha bonitinho que ela conheceu. Será que aquela doidinha me esqueceu aqui?

Espremo-me no meio das pessoas para chegar ao bar. Preciso sentar, minhas pernas latejam de dor.

– Desculpa. – grito mais alto que a música quando esbarro em alguém.

– Não se preocupe. – ele diz segurando o meu ombro.

As luzes coloridas iluminam seu rosto. Fico congelada.

– Você está bem? – pergunta Luíz.

Ele está lindo. Todo de preto com os cabelos loiros ainda molhados.

– Não muito. – respondo sentindo minhas pernas reclamarem.

– Vamos sair daqui. – grita ele puxando gentilmente o meu braço.

Hesito por alguns segundos imaginando que deixarei Mary aqui sozinha, mas não aguento mais esperá-la, sei que ela ficará bem. Mando uma mensagem de texto avisando-a que estou indo para casa.

Andamos pelas ruas iluminadas da cidade.

Entro no seu carro e sento no banco do carona. Essa é a segunda vez que estou dentro do carro de um garoto em menos de um dia...

– Você estava sozinha? – pergunta parecendo preocupado.

– Não, minha amiga veio comigo.

– Onde ela está?

– Eu não sei.

Estou preocupada com Mary. Luíz percebe isso e diz:

– O que acha de pararmos em algum lugar.

– Acho uma boa ideia.

Ele encosta o carro perto de uma praia. Sinto o vento bater em meu rosto quando desço do carro.

A noite está maravilhosa. A lua cheia brilha no céu pontilhado de estrelas.

– A noite está linda. Vamos fazer uma caminhada. – diz Luíz puxando minha mão.

Seu toque é mágico. Estar com ele parece algo mágico. Sorrio e corro com ele para a praia.

Andamos descalços sobre a areia fria. O mar está escuro. As partes de areias das praias de Vancouver são poucas, diferentes das de Acapulco, o resto são pedras.

Ao longo das pedras, nascem lindas tulipas vermelhas como o sangue. Luíz para, colhe uma e me entrega.

Sorrio tímida com o seu gesto. Levo a flor ao meu nariz sentindo o seu doce aroma. Ele me olha atentamente por alguns segundos e depois sorri. Meu coração aquece com o seu olhar.

– Você sente falta de casa? – pergunta Luíz

– Não tanto quanto antes.

É a mais pura verdade. Confesso que estou passando a gostar daqui.

– O Canadá não e tão ruim assim. Admito.

– Quando me mudei para cá as pessoas me contaram uma antiga fábula sobre o Canadá.

– Você pode me contar?

– É claro.

Colocando a mão no bolso do jeans e olhando-me profundamente nos olhos, Luíz diz:

– Há muitos e muitos anos, o Canadá era uma terra congelada e triste. O velho Inverno aqui reinava e tudo adormecia sob o seu manto. Foi então que um dia, Glooskap, o senhor de todas as coisas, resolveu encontrar um meio de vencer o Inverno, e partiu para o Sul, navegando em sua baleia chamada Blob. Chegou à Selva das Flores. Lá se deparou com as três belas jovens que se entretinham dançando. Uma delas era a Rainha das Fadas, Verão, filha da Aurora, com os seus poderes mágicos, Glooskap, encantou-a e trouxe-a consigo para o Canadá, a fim de convencer o velho Inverno a não mais enregelar seu país. Na presença da jovem, o Inverno desatou a chorar, e começou a derreter-se. Compadecida, Verão fez um acordo com ele: seis meses no ano ela reinaria em terra canadense, enquanto ele se retiraria para as terras do Norte. Nos outros seis meses, ela voltaria á Selva das Flores, e ele ficaria sozinho em todo o Canadá.

– Bela fábula. – digo encantada com o som de sua voz.

Ele dá um sorriso tímido.

– Obrigado.

– Você é diferente de todas as pessoas que conheço.

– Como assim diferente? – pergunta ficando repentinamente sério.

– Você é muito educado. – digo notando sua estranha mudança de humor.

– Nem tanto. – diz voltando a sorrir.

Seu ar volta a ficar sereno.

Sentamos em uma das rochas e ficamos observando as estrelas. Cansada, acabo encostando a cabeça no seu ombro e adormeço.

Acordo com Luíz olhando para mim. Estou dentro do seu carro. Estamos parados de frente à minha casa.

– Luíz, desculpa. – digo sentindo-me desconcertada e ajeitando minha roupa.

–Você tem que parar de ficar se desculpando. – diz ele deslizando os dedos pela minha testa.

O mundo para, olho para os seus olhos azuis, profundos como o mar sinto que poderia me afogar neles. Tem algo em Luíz que me parece perigoso, mas isso me atrai.

Ele se aproxima lentamente. Espero sentir o toque dos seus lábios contra os meus, mas ele recua. Parece estar confuso. Como antes ele fica sério.

– Você tem que ir. – diz ele olhando para frente. Vejo seus maxilares trincarem.

– Tudo bem. Boa noite. – digo desapontada.

Saio do carro.

– Maria? – ouço me chamar.

Eu me viro e vejo sua bela cabeça para fora da janela.

– Foi um prazer estar com você está noite. – diz ele.

Sorrindo pisco para ele e entro em casa.

CAPÍTULO 13

Luíz

Volto para casa. Não sei descrever muito bem o que senti está noite. Mas sei que de algum modo estou feliz. Não esperava encontrar Maria na boate embora nós últimos dias eu a venho seguindo e a vigiando.

Henry voltou a se aproximar dela e isso significa perigo. De algum modo sinto um enorme desejo de protegê-la, ela é tão frágil.

Aperto minhas mãos sobre o volante e aumento a velocidade. Droga o que está acontecendo comigo? Não posso me envolver. Não com uma humana. Sei as consequências deste ato. Gabrielle. Meu coração sangra ao lembrar minha amada. Morta por minha causa. Sacrificada pelos malditos Imperiais.

Sinto a dor rasgar meu coração, mas ela não é tão intensa como antes. Não, não é. Depois que conheci Maria ela meio que se aquiesceu, ela parece diminuir a cada dia. Principalmente quando estou com Maria

Impossível. Isso é impossível.

O carro voa a quilômetros por hora. Tenho que me acalmar. Não posso perder o controle.

Maria é humana e o meu dever como vampiro é protegê-la enquanto ela estiver na minha cidade. Nada mais que isso.

Nunca poderei amá-la não enquanto os Imperias governarem. É a lei, não podemos revelar aos humanos nossa existência. Não posso viver com ela sem contar quem realmente sou. Não é possível existir amor com mentiras e segredos.

Nós vampiros sempre existimos na terra. Somos parecidos com os humanos. Vivemos como eles, mas não somos eles. Imortais, podemos fazer coisas que eles jamais sonhariam em conseguir. Somos mais fortes, mais rápidos. Os maiores predadores da terra. Além de matar nossas presas podemos lhes dar a vida eterna.

Depois que me criou Sandro me revelou uma coisa que nós torna completamente diferentes dos humanos: para um vampiro não há céu nem inferno, e sim o fim com a sua morte verdadeira. Simplesmente deixamos de existir no universo, nós apagamos e isso me apavora, por isso o instinto de autopreservação é tão poderoso entre nós.

Sandro diz que um dia fomos homens, agora somos deuses.

Quando chego em casa vejo que as luzes ainda estão acesas. Abro a porta e vou em direção à sala de estar. Assim que entro noto que temos visita.

Sandro está sentado em sua poltrona e a sua frente se encontra sentados no sofá vermelho dois vampiros elegantes e bonitos.

– Luíz que bom que você chegou. – diz Peter, o vampiro alto de cabelos lisos e castanhos.

Ele se levanta em um comprimento.

– Olá Peter. – digo olhando para Sandro.

– Sei que vocês não esperavam nossa visita, desculpem por chegar assim Luíz. – diz o outro vampiro. Um rapaz de 16 anos chamado Mille.

– Vocês sempre serão bem vindos à nossa casa. – diz Sandro sorrindo.

– Grande gentileza sua Sandro. – diz Peter sorrindo e voltando a se sentar.

– Mas o que os trazem aqui? – pergunto indo me encostar à poltrona de Sandro.

– Estava falando disso agora pouco com Sandro antes de você chegar. Nosso clã está sendo ameaçado.

– Mas, o que houve? – pergunto.

– É essa maldita guerra pelo poder. Os Imperias já não têm tanto controle. A Lei do Silêncio anda por um fio. Clãs se desfazem a cada dia. Veneza está sendo ameaça por um ataque vampírico.

– Precisamos de vocês de volta em nosso clã. – diz Mille indo direto ao ponto. Seus olhos cinza fixam em mim.

– Infelizmente também estamos tendo problemas aqui Peter. – diz Sandro cruzando as mãos sobre o colo.

– Que tipos de problemas meu caro amigo? – pergunta Peter.

– O segredo de nossa existência está sendo ameaçado por um vampiro recém-criado. Ele já matou uma humana.

– Suspeitamos que ele a tenha matado. – me corrige Sandro.

– Isso deixa as coisas um tanto complicadas. – diz Mille desapontado.

– Sei que Luíz e eu decidimos nós afastar do nosso clã de origem, sobrevivendo sozinhos, mas isso não significa que deixamos de ser uma família. Ajudaremos quando for necessário, mas ainda assim creio que os Imperias são os únicos a resolverem esse problema já que é a nossa lei.

– Os Imperias podem ser os vampiros mais poderosos do mundo, mas depois de tão velhos, estão sendo consumidos pelo tédio da imortalidade. – diz Mille.

– Mas o que o conselho disse sobre isso? – pergunto.

– Apenas que tomará parte do assunto...

– Nosso governo está em decadência... – Mille diz irritado.

O conselho foi formado para proteger os vampiros da ira da Inquisição. Muitos dos vampiros do Conselho relembrando-se das noites infernais de quando eram perseguidos e exterminados, criaram a Lei do Silêncio, fanaticamente rejeitam a ideia que se tem de ver os vampiros como monstros predadores, preferindo em vez disso viver na clandestinidade entre os mortais e alimentando-se cautelosamente.

– Quais são as medidas tomadas pelos Imperias a respeito dessa guerra?

Sandro começa a ficar impaciente.

– Os Imperias se reuniram junto ao conselho e decretaram a Caçada de Sangue. – diz Peter.

– Mas o que é isso? – pergunto.

– É uma caçada decretada a um vampiro, por ter feito algo contra as tradições. Aquele que tiver o azar de ser caçado vai ser morto assim que for encontrado, não importa em que parte do mundo esteja. – diz Mille olhando para mim.

– Para os vampiros Imperias terem decretado uma medida tão extrema como essa só pode significar uma coisa. – diz Peter.

– Eles não possuem mais o completo controle sobre os vampiros. – deduz Sandro.

– Por isso achamos mais conveniente chamar vocês. Marine e Alaric estão protegendo Veneza em nossa ausência, eles mandam lembranças a vocês e desejam muito os seus retornos ao nosso clã.

– Tenha certeza que retornaremos.

Fico surpreso com a declaração de Sandro. Há séculos decidimos não fazer parte dessa luta pelo poder.

– Mas antes, temos problemas a serem resolvidos por aqui.

– Compreendo. – diz Peter. – Sei que vocês possuem deveres aqui.

– Quando precisar de nossa ajuda iremos auxiliá-lo meu velho amigo.

– Então, esperaremos por vocês. – diz Mille com um sorriso no belo rosto angelical.

* * *

– Vocês vivem em uma bela cidade. – diz Mille parando ao meu lado na sacada.

– Não quanto Veneza. – digo lembrando-me da maravilhosa cidade italiana com os seus canais, museus e monumentos.

– Talvez você tenha razão. – diz Mille brincando. – Espero que não tenham se incomodado com a histeria de Peter você sabe como ele age quando o assunto é a guerra.

Peter lutava em uma guerra no Império Austro- húngaro quando foi transformado.

– Ele não nos incomodou.

– Os Doges não é o mesmo sem vocês.

Sorrio. Doges é o nome do nosso clã. O nome vem do latim dux que significa chefe. O clã governante de Veneza era formado por mim, Sandro, Mille, Marine, Alaric e sendo Peter o *dux Veneciarum*, o chefe dos Venezianos.

Mille foi criado por ele enquanto morria em uma batalha anos depois de sua transformação. Alaric havia sido um líder do exercito romano e fora transformado por Marine sua companheira.

– Sempre ouvi dizer que a América era o império dos Lychantropus. – diz Mille olhando para a lua.

– Nunca tivemos problemas com eles. Acho que eles não existem em Vancouver.

Os Lychantropus ou homem com o espírito de lobo, conhecidos pelos humanos como lobisomens já foram grandes inimigos dos vampiros no passado, e ficaram conhecidos pelo seu domínio nas terras americanas.

Diferentes de como os humanos pensam, eles não se transformam em bestas monstruosas nem tão pouco em lobos. São homens normais, a única coisa que os diferencia quando se transformam são os olhos que ficam iguais aos de um lobo.

Muitos descendem de famílias indígenas. O lobo age através do seu espírito fazendo com que o humano adquira os seus poderes.

CAPÍTULO 14

Maria

Segunda-feira.

Levanto e vou para o banheiro. Hoje é o dia em que vamos à excursão no Lighthouse Park. Mary não vai poder ir. Depois da boate ela acabou pegando um resfriado. É claro que ela teve que me ouvir sobre me deixar preocupada. Mas não fiquei com raiva, aliás, ela é minha melhor amiga.

Minha mãe me leva até a escola. Vou para o estacionamento onde o ônibus nos espera.

Sentada numa poltrona, coloco meus fones de ouvido e ligo o meu iPod enquanto espero.

Estou ansiosa, amo a natureza.

Quando todos estão dentro dos seus receptivos ônibus a Sra. Emma entra em nosso ônibus e diz:

– Todos prontos. Então acho que podemos ir, mas antes quero que vocês saibam que estarão visitando o remanescente de uma floresta antiga, onde um ecossistema inteiro vive, quero que pensem nisso. Sintam a natureza, e lembrem-se que quero um trabalho sobre os vegetais, minerais e animais que vocês virem. Muito bem podemos ir.

O ônibus atravessa a Lions Gate Bridge, a ponte pênsil que cruza o Burrard Inlet e liga a cidade de Vancouver ao distrito de North Vancouver. O nome *Lions Gate* deriva do nome de um conjunto de montanhas ao norte da cidade

A ponte foi usada como o desastre inicial do filme Premonição 5 onde Sam, o personagem do filme, tem um estranho pressentimento que as pessoas com quem trabalham e viajam com ele irão sofrer um grave acidente na ponte entrando em colapso e desabando. Sinto um arrepio ao imaginar as cenas; me agarro na poltrona com o coração pulsando até a travessia.

Passamos pelo Royal Park Shopping Center e seguimos ao longo da Marine Drive West Vancouver.

Chegamos a um dos mais belos parques de Vancouver e seguimos pelas trilhas. Querendo ficar um pouco sozinha nesse paraíso, me distancio do meu grupo e saio da trilha.

Entro em uma clareira aberta, onde samambaias selvagens florescem, sua folhagem verde brilha contrastando com as grandes pedras cobertas de musgos e líquens cinza-azulados.

No chão, a espessa camada de folhas secas suaviza os meus passos. Cogumelos nascem por toda parte.

Ando mais para o interior da floresta de cedros vermelhos. Corro os dedos sobre uma casca vermelho ferrugem de um de seus caules. Há vida em toda parte.

Empoleirado em um arbusto próximo vejo um lindo Jay Stelle com a cabeça e com a crista preta e a parte inferior do corpo azul. Continuo a trilhar dobrando ao longo de um riacho, onde vejo as sombras de salmões visíveis na superfície.

O riacho torna-se estreito e desemboca em um pequeno lago de águas azul-esverdeadas. Ouço um leve movimento por entre os arbustos do outro lado do pequeno lago.

Olho atentamente e me deslumbro ao ver um veado branco caminhar por entre as ramas verdes indo na direção do lago. Cauteloso, ele se aproxima da água encostando o nariz sobre a superfície. Sua pelagem branca é magnífica, seus chifres parecem estar cobertos por seda.

Permaneço imóvel para não assustá-lo. Ele levanta a cabeça, suas orelhas viram-se para frente. Se sentido alarmado com alguma coisa ele corre para a floresta.

CAPÍTULO 15

Luíz

Ando pelo bosque de abetos gigantes. Alguns nesse bosque têm mais de 500 anos de idade, eles estavam aqui quando Colombo descobriu a América do Norte em 1492. Essas árvores gigantes são mais velhas do que eu.

Vejo as marcas de cascos de veado na lama da trilha.

Pronto para uma corrida adentro na floresta a toda velocidade. As árvores são apenas borrões a minha volta, mas mesmo em grande velocidade posso enxergar tudo com completa nitidez, é como se mesmo em alta velocidade as coisas ficassem em câmera lenta em meu cérebro.

Paro em uma clareira que provavelmente deve estar a centenas de metros da trilha. Fechando os olhos apuro minha audição, ouço uma águia careca empoleira-se em um tronco seco. Garças vagarem em águas rasas de um riacho procurando atentamente por sapos. Enormes cisnes brancos voam sobre as copas das árvores.

Abro os olhos e inspiro profundamente. Sinto o cheiro da floresta. Das folhas, das flores, da terra molhada de sangue.

Meu corpo se enrijece ao sentir o doce aroma do sangue invadir as minhas narinas. Minha garganta arde seca.

Sangue quente... Pulsante... Humano... Familiar...

Com a natureza selvagem ao meu redor deixo meus extintos me dominarem... Torno-me um predador. Minha garganta arde em protesto. Anos de controle absoluto se desfazem em segundos.

A minha sede se torna torturante, abrasadora... Ouço minha presa caminhar na minha direção. Sinto o gosto do seu sangue quente fluindo do seu pescoço. Posso sentir o pulsar do seu sangue quente sob a pele do seu pescoço contra os meus lábios.

Minha boca enche de água. Sei que é arriscado caçar depois de anos de autocontrole. Sei que estou indo contra tudo que tentei evitar ser ao longo dos séculos. Mas a sede é tanta que eu não consigo pensar. Escalo rapidamente uma árvore. Abaixando-me em posição de ataque sobre um galho espero impacientemente.

CAPÍTULO 16

Maria

– O que você está fazendo ai em cima? – pergunto nervosa com o susto ao ver Luíz sobre o galho de uma árvore.

Ele me olha profundamente com uma expressão estranha no rosto, meio selvagem. Piscando os olhos ele parece sair de uma espécie de transe e me responde:

– Gosto de subir em árvores.

– Nossa, você me assustou. – digo colocando a mão sobre meu peito.

– Desculpe. – diz ele saltando com uma agilidade incrível e caindo ao meu lado.

Ele me olha de um jeito diferente como um predador olharia para sua presa. Tremo.

– Está tudo bem? – pergunto preocupada.

– Sim... – diz balançando a cabeça. Parece estar confuso ou como se estivesse travando uma batalha interna.

– O que você está fazendo aqui? – pergunta-me.

– Dando uma volta.

– Sozinha?

– Sim. Gosto de ficar sozinha às vezes.

Ele me observa atentamente em silêncio. Deve estar pensando que sou louca.

– A excursão está quase acabando é melhor a gente ir. – diz ele.

Sem protestar caminhamos em direção à trilha. Não sei o que acontece, mas fico muito nervosa quando fico sozinha com Luíz. Ele desencadeia coisas que jamais senti por um garoto antes.

E por ironia do destino a gente sempre fica se esbarrando.

Borboletas voam em nossa volta enquanto percorremos a trilha até o último ponto de nossa excursão: o Farol, construído em 1914.

Vejo a praia através das árvores e logo chegamos ao Farol. Onde temos uma vista deslumbrante do oceano Pacífico.

Sentando-me numa das rochas olho para uma estrela do mar laranja e roxa, agarrada sobre uma pedra. Sinto a brisa marinha agitando meus cabelos e ouço o som suave do mar.

– Este farol me faz lembrar de um mito que li uma vez. – digo.

– Isso me parece interessante, será que você poderia me contar.

Sorrio, lembrando-me da fábula que ele me contou.

– Bem você quer mesmo ouvi-la?

– Por que não. – diz dando um sorriso maravilhoso.

Meu coração está aos pulos.

Então me ajeito sobre a pedra e começo a contar o mito de Hero e Leandro para Luíz.

Hero era uma sacerdotisa de Afrodite que vivia em uma ilha desolada. Encarregada de subir todos os dias na hora do crepúsculo às escadarias que levavam ao topo do farol da ilha para acender as suas chamas e sempre avivá-las.

O fogo estava sempre protegido por um grande caixilho espelhado. Brilhando e orientando os navegantes da proximidade da terra evitando, assim, os naufrágios nas noites escuras.

Naquela noite o céu estava limpo. Hero tinha os olhos voltados para a outra margem, eles procuravam algo, com ansiedade.

– Ainda é cedo... – disse Hero, debruçando-se sobre a balaustrada.

Todas as noites ela esperava pelo jovem Leandro, um belo rapaz que morava do outro lado do mar, ele guiado pela luz do farol, lançava-se ao mar e atravessava-o a nado, para atirar-se nos braços de Hero que sempre o esperava.

Assim o jovem ousado a visitava todas as noites.

Hero permaneceu um bom tempo olhando para o mar, estava começando a ficar impaciente. De repente avistou ao longe em meio às águas calmas o jovem amado subindo e descendo por entre as ondas que ondulavam.

A sacerdotisa desceu rapidamente os degraus da escadaria. Correu pelas areias da praia deserta e entrando no mar abraçou fortemente Leandro.

– Leandro! – sussurrou.

– Consegui, mais uma vez! – disse ele beijando-a.

Abraçados, caminharam para os aposentos de Hero no interior da ilha. E durante a noite se entregaram aos amores de Afrodite.

– Meu amor. – disse Hero passando a mão nos cabelos revoltos de Leandro.

– Sim? – perguntou Leandro com os olhos fechados com as caricias das mãos de sua amada.

– Tenho uma estranha impressão toda vez que você diz: "*Consegui mais uma vez*", quando você chega do mar.

– Mas que impressão meu amor?

– Que um dia você talvez não consiga.

Leandro passou a mão grande e pesada sobre o rosto de Hero dizendo:

– Não diga isso meu amor. Eu sempre conseguirei.

De manhã Leandro partiu novamente para o mar enquanto Hero, de cima das pedras o assistia partir.

O dia foi normalmente igual a todos os outros. E extremante longo comparado a vontade de rever Leandro. Quando o sol abaixou-se na linha do horizonte o céu foi coberto por grandes nuvens negras. Os clarões dos raios dominaram o céu. Zeus estava enfurecido aquela noite.

Hero havia acendido as chamas do Farol. Os ventos assopravam violentamente em todas as direções. As ondas do mar erguiam-se e desabavam-se na praia.

Olhando para o alto do Farol em meio à tempestade Hero viu que a luz das chamas não brilhava no topo. Assustada correu para lá. Quando chegou tudo estava escuro. Iluminado pelos clarões dos relâmpagos Hero viu o vidro do caixilho que protegia as chamas do fogo quebrado. Caído sobre o chão ela viu o que causou o dano. Uma gaivota jazia queimada sobre o piso. Assustada com a tempestade chocou-se contra o vidro protetor. A chuva apagara o fogo que ardia na lanterna.

– Pelos Deuses e meu amado Leandro o que será dele? – gritou angustiada. – E se estiver afogado?

Hero deixou-se cair de joelhos no chão do mirante e ali permaneceu por algum tempo, enquanto seu corpo ficava cada vez mais encharcado. Descendo o farol correndo ela ficou na praia aguardando a chegada de Leandro. Tinha esperança de que ele não estivesse no mar quando o temporal começasse. Hero aguardou até os primeiros raios do sol tocarem a sua pele. Então ao longe viu algo boiar sobre as águas. O mar com remorso trazia com cuidado o corpo de Leandro até a praia. Ela gritou em desespero. Chorando sobre o peito nu e gelado de Leandro, mostrou toda sua dor que sentia naquele momento.

Quando o mar estava enfurecido Leandro tentara guiar-se pela luz do farol, mas quando ela se apagou ele não pode mais encontrar sua rota...

– Oh Deuses cruéis. Minha dor é infindável e minha perda irreparável minha vida mais nada vale sem o meu amado.

Devolvendo o corpo de Leandro de volta ao mar Hero subiu no topo de um penhasco com determinação. Deixando-se cair do topo. Ela foi ao encontro do seu amado Leandro.

– Uma linda história, mas muito triste.

– Ela sempre me emocionou. – digo olhando para o mar.- Mas ela é muito verdadeira em muitas coisas.

– Em que, por exemplo?

– Em que os deuses são cruéis. Na força do amor que Leandro sentia por Hero ao cruzar o mar para vê-la. No sacrifício que ela fez ao se jogar do penhasco para se juntar ao seu grande amor.

– Você acha o que ela fez certo se sacrificando para ficar com ele?

– Quem não se sacrificaria pela pessoa amada? – pergunto olhando em seus olhos azuis.

Ele fica pensativo. Depois me dá um lindo sorriso.

CAPÍTULO 17

Luíz

Com toda certeza ela é completamente diferente de tudo e de todos. Maria. Tão linda tão meiga e tão boa. Doce mortal. Tímida, diferente de todas as garotas que já vi em minha existência, ela é única.

Seu sangue por um momento me tirou do controle naquela floresta. Mas da mesma maneira que seu sangue me tornou um predador seu olhar me transformou em sua presa.

Volto contente para casa. Alguma coisa em mim está mudando. Depois de séculos sinto-me vivo se é que isso é possível: um vampiro se sentir vivo.

Mas há algo novo em minha vida, algo que pensei que nunca voltaria a sentir depois da morte de Gabrielle cujo amor me foi roubado pelos Imperias.

Os Imperias... Tremo ao pensar no que eles poderiam fazer a Maria se ela descobrisse que sou um vampiro. Sua vida correria perigo.

E quanto a mim, eu seria caçado até o fim do mundo e morto... Mas não me importo em morrer mesmo que eu não exista em outra vida eu sempre estarei disposto a sacrificar tudo só para tê-la ao meu lado.

Essa é a pura verdade. O que antes era o meu dever protegê-la, agora se torna minha obrigação. Mas ainda não sei dos seus sentimentos. Não, ela pode gostar de Henry mesmo que ele tenha matado e bebido sangue de vítimas humanas ela não sabe.

Pode gostar dele mais do que eu. Até amá-lo. Não quero pensar nisso. Não posso. É impossível imaginá-la com outro.

Mas ainda há esperança. Ainda posso conquistá-la e farei de tudo ao meu alcance para conseguir isso.

CAPÍTULO 18

Maria

Sonho que sou Hero estou no alto de um farol, a tempestade cai contra o meu corpo, choro, estou desesperada, olho para um mar furioso lá embaixo onde um corpo nada contra as ondas. Grito por seu nome. Ele chega a ser engolido pelas ondas depois volta à superfície.

Grito por Luíz que luta desesperadamente para nadar, no mar violento ouço gritar o meu nome.

De repente a água se transforma em sangue. Sou tomada pelo horror ao ver aquela vastidão vermelha.

Ainda chorando levo a mão na boca e sinto o gosto de sangue. Assustada percebo que o sangue do mar escorre do meu corpo.

Acordo. Estou chorando. O sonho foi tão real.

– Não chore filha... Já passou, já passou só foi um pesadelo. – ouço minha mãe me dizer enquanto me embala em seus braços.

Sinto-me segura com seu abraço maternal e lentamente volto a adormecer.

Os meses passam e com eles vêm as chuvas. Minha mãe está nos estágios finais de sua gravidez. Ruan se dá bem cada vez mais no trabalho. Minha vida está melhor. Gosto de um garoto maravilhoso e misterioso. Tenho uma amiga maluquinha, mas sei que sempre será minha amiga.

Meu 2º ano na Vancouver High School está indo muito bem. E as garotas não falam em outra coisa a não ser no vestido que usaram na formatura este ano ou que garoto irá convidá-las para o baile.

Nunca pude imaginar que um dia eu passaria a gostar da minha mudança para o Canadá. Ainda sinto saudades de casa, do papai, da vovó e das minhas amigas, mas agora eu tenho novas pessoas aqui com que me importo e que sentiria falta se eu voltasse para casa. Tirando Rose Miler é claro. Gosto muito das pessoas de Vancouver.

Henry é um cara lindo. Um sonho que toda garota quer ter, mas é por Luíz que meu coração bate mais rápido. Sempre fui o tipo de garota que vive sonhando ter uma vida como nós romances que lê e de algum modo acho que terei isso com Luíz.

Algumas pessoas podem me achar boba, mas acredito em amor verdadeiro e em felizes para sempre. Mesmo que no fim as pessoas não estejam vivas. Acredito no amor além da vida.

Minha mãe para o carro na Rua Geórgia, nº 350. Endereço da terceira maior biblioteca pública do Canadá.

Olho boquiaberta para a Vancouver Public Library. A primeira vista ela me pareceu com o Coliseu.

Despeço-me de minha mãe e entro na grande biblioteca. Ando pelas sessões olhando cada título. Sempre fui apaixonada por livros. Quando era criança papai costumava me chamar de "Tracinha".

Não sei quanto tempo demoro dentro da biblioteca. Pego um livro emprestado. Um novo romance recém-lançado.

Ando por uma rua repleta de lojas, restaurantes, bares e muita gente na calçada.

Enquanto ando distraída, uma lojinha espremida entre duas outras me chama a atenção. É uma lojinha de livros usados e velhos. Não me contendo vou até lá da uma espiada.

Assim que entro sinto o cheiro dos livros. Um senhor de cabelos brancos e aparentando ser bastante velho me atende. Simpático permite que eu dê uma olhada em sua loja.

Há livros aqui que não são mais publicados e alguns que são os únicos exemplares no mundo, mas é um diário grosso de páginas rasgadas e meio amarelas com a capa preta, dobrada e manchada que me chama a atenção.

Quando o pego em minhas mãos eu vejo quanto o diário é bonito. As letras douradas em inglês de seu título já estão um pouco apagadas.

O diário me custa apenas alguns dólares-canadenses. Saio da loja com o livro em minha bolsa. Como um sanduíche natural e vejo algumas novidades nas vitrines das lojas.

Normalmente era para estar fazendo tudo isso com Mary, mas ela está de castigo, resultado de uma de suas escapadas durante a noite.

Depois de andar por algumas lojas sento-me num banco da Praça Robson, próximo a três cascatas, o sol começa a se por. Respiro o ar refrescante do fim da tarde.

Distraída não percebo o grande Husky Siberiano, se aproximar de mim. Ele me olha profundamente com os seus belos olhos azuis.

– Olá garoto. – digo sorrindo para ele. Adoro cães. – Você está perdido?

Ele é lindo. Seu pelo branco como a neve;

O Husky solta uma espécie de ganido feliz e se aproxima esfregando-se em minhas pernas.

– Ei cuidado. – digo feliz e meio assustada.

– Você é lindo!. – digo passando as mãos em seu pelo macio.

– Ele gostou de você. – ouço uma voz masculina a minhas costas.

Viro e me deparo com Luíz sorrindo com os braços fortes cruzados sobre o peito.

– Ele é seu? – pergunto sorridente e com o coração palpitando ao vê-lo.

– É sim – diz sentando ao meu lado.

Seu corpo roça o meu e sinto uma onde de calor. Cada vez que eu o vejo ele parece estar mais lindo. Será que isso é possível?

– Jack sempre foi muito esperto em bancar o cão perdido com as garotas bonitas.

Coro com o elogio.

– Jack é um belo nome.

Jack olha-me e depois volta os olhos para Luíz.

– Jack é um bom garoto. – diz Luíz passando as mãos sobre a cabeça do Husky o movimento faz com que sua mão esbarre na minha e uma corrente elétrica corra pelo meu corpo.

Nossa. Tenho que me acostumar com isso.

Latindo feliz Jack começa a correr atrás dos pombos que ciscam na praça.

Luíz e eu ficamos horas conversando. Quando estou com ele é como se o tempo não passasse. Tudo fica em câmera lenta. O mundo a nossa volta se apaga. Existindo apenas nós dois.

Meus olhos seguem cada gesto seu. Seu sorriso. Seus lábios vermelhos e cheios. Ele sorri muito. Suas mãos fortes sempre encontram as minhas.

Fico ali parada, feito boba. Mal acreditando na sorte de ter o garoto mais bonito da escola conversando comigo. Quando nos damos conta está tarde da noite. Luíz se oferece para me levar em casa.

Jack vai com a cabeça do lado de fora da janela no banco de traz.

– Tchau Jack! Foi um prazer conhecê-lo. – digo passando a mão em seu pescoço.

Ele gane feliz em resposta e lambe os meus dedos.

– Obrigado pela carona Luíz.

– É um prazer ser seu motorista. – diz brincando.

– A gente se vê na escola amanhã. – digo saindo do carro.

CAPÍTULO 19

Luíz

Abro a porta de casa e Jack entra correndo. Entro em seguida fechando-a.

Encontro Sandro sentado na sala. Preocupado ele assiste o noticiário.

– O que ouve? – pergunto vendo suas expressões.

Olhando-me ele ergue a mão com o controle da TV e aumenta o volume e a voz da repórter ecoa pela sala:

"O corpo de uma jovem identificada como Nataly foi encontrado na manhã desta terça-feira boiando nas margens do Burrard Inlet. As autoridades suspeitam que Nataly tenha sido jogada da ponte suspensa Lions Gate Bridge na tarde desta segunda-feira.

Segundo informações da perícia médica Nataly já estava morta quando foi jogada e o que chama a atenção das autoridades é que no corpo da jovem não foi encontrado o seu sangue. Nataly foi vista no último domingo em uma festa na boate Atlantis Night Club... "

A tela se apaga. Sandro desliga a TV.

– Temos que pará-lo. – diz ele colocando o controle sobre a mesa.

– Mas nós ainda não sabemos se Henry é o vampiro responsável.

– Esse noticiário chamara a atenção dos Imperias.

Sandro tem razão os Imperias não ficarão sem fazer nada enquanto um vampiro ameaça o segredo de nossa existência. E a última coisa que quero no momento é ter a atenção dos Imperiais, não agora que conheci Maria.

– O que vamos fazer? – pergunto.

– Temos que vigiá-lo mais de perto. Segui-lo em suas noites. E quando for necessário destruí-lo.

Rastreio o seu cheiro e salto para um prédio próximo, corro pulando de telhado a telhado, paro e fico em posição de ataque quando sinto sua presença.

Henry anda por uma rua escura. Age normalmente. A primeira vista parece um ser humano qualquer. Mas seus traços vampíricos são evidentes para mim: a agilidade de seus movimentos leves e rápidos, o corpo atlético e perfeito, os olhos verdes mais intensos do que os olhos humanos e os lábios vermelho-sangue.

Ele não pode sentir minha presença. Como um vampiro jovem e inexperiente, uma criança, como os Imperias chamam os vampiros recém-transformados ele não sabe detectar outro vampiro nem sua aproximação.

Ele para em frente à porta de uma casa simples de madeira localizada no subúrbio de Vancouver. Com a minha audição aguçada ouço o tilintar de suas chaves quando ele as tira do bolso e destranca a porta.

Fico imaginando quem o tenha criado. Que vampiro criaria outro e o abandonaria daquela maneira. Algo bastante arriscado. Mas mesmo que esteja só, Henry parece conhecer nossas leis.

Se for ele o vampiro responsável pelas mortes está agindo com cautela – ou pelo menos está tentando – ele não quer chamar a atenção dos Imperias. Deve saber das consequências se for descoberto por eles.

Um vampiro desertor possivelmente o transformou. Deixando de lado as nossas leis travam uma guerra com o Conselho e com o nosso novo modo de vida.

O sangue humano é o que mais desejam. Tirado ainda fresco dos pescoços de suas vítimas. Passo a noite a vigiá-lo, mas ele não faz nada de suspeito. Age como um humano normal. Isso de certa forma me preocupa. Principalmente de sua aproximação e interesse por Maria.

Fecho os meus maxilares em fúria. Estou com ciúmes?

Sim tenho que admitir. O ciúme me corrói como uma ferida em meu peito. Minha vontade é de entrar nessa casa e matá-lo agora mesmo. Só para mantê-lo longe de Maria.

Tenho que manter a calma. Estilhaçando a lateral de um prédio na qual estou apoiado com as mãos tento manter o controle.

CAPÍTULO 20

Maria

Domingo. Acordo. Levanto e paro em frente do grande espelho no meu quarto amarrando meu cabelo em um rabo de cavalo. Olho para o meu quarto que está uma bagunça e decido dá uma geral nele.

Quando termino de arrumar meu quarto tomo um banho. Secando os meus cabelos subo em cima da minha cama e pego o diário que comprei e deito de bruços abrindo-o.

Suas páginas amareladas possuem um aroma que me lembra jasmim. Suas folhas são grossas. Está escrito com uma caligrafia bonita em inglês. Começo a lê-lo:

'' Creio que não há mais tempo. Não para mim. A Morte Final se aproxima. Eles estão cada vez mais perto de me encontrar. Pela primeira vez em séculos me sinto como o humano que um dia fui com a morte a bater em minha porta.

Não há como escapar. Não mais Eles sempre sabem onde me encontrar. Não há como fugir. Confesso que não quero mais fugir. O medo me domina a cada dia. Estou ficando cansado. A imortalidade não foi aquilo que tanto sonhei embora sempre a desejei e fiz de tudo para consegui-la.

Mas quando eles me acharem não revelarei para eles... Não, para eles. Sei o que procuram por isso estão atrás de mim. Mas o segredo não morrera comigo não posso permitir...

Agora escondido em um aposento escuro, passo a refletir sobre minha existência, sobre minha vida humana – sou uns dos poucos que se lembra da vida humana. Acho que porque ela é como uma sombra em meu passado. Algo que cisma em me perseguir.

E agora que eles sabem, querem que eu revele o segredo...

Tudo começou quando o capturei... Meu prisioneiro de guerra. Não passava de um jovem bonito, viril de cabelos longos e intensos olhos negros que jamais vi outros iguais.

Alexis, nome tão belo quanto a sua aparência. Enquanto meus fies soldados romanos confiscavam as armas, os tesouros e levavam as mulheres e não apenas elas, os jovens varões que os agradavam para lhes satisfazerem.

Eu tinha a companhia de meu jovem prisioneiro. Lindo e misterioso. Mas depois me revela com um simples olhar um ser que viveu mais de mil anos. De captor passo a ser seu escravo.

– Dai-me o sangue de teus homens e te darei o poder. – promete-me.

À bela criatura entrego todo o meu ouro, minha legião e meus escravos.

Ao amanhecer partimos e antes do findar da tarde tenho o poder.

À noite entrego-me um de meus soldados. Vejo-o se despir de seu manto e com sua força dominar o soldado em seus braços e de tua garganta tomar o teu sangue.

É belo e assustador ver o sangue que se espalha na sua boca.

Toda noite enche-me de promessas e todo dia as cumpre. Em troca entrego meus soldados à morte. E por fim somos eu e ele. Os outros preferiram se matar a saciar a sua sede.

Olhando-me com os teus olhos profundos como a mais escura noite me faz sua última promessa:

– Traga-me o sangue de minha origem e lhe darei a vida eterna.

Obediente monto em meu cavalo e vou em busca de suas origens.

Passo por lugares que antes nunca visitei, cruzo com pessoas nas quais conversei.

Quando passo pelo reino de Alexis no qual dizimei descubro que meu jovem prisioneiro um dia desaparecera de seu palácio e havia retornado com uma sede misteriosa.

Ouço rumores vindos de terras distantes... E eles me levam ao Antigo Egito mágico e misterioso a margem do Nilo, diziam-me que lá o sangue era derramado e bebido e transformavam corpos mortais em imortais.

Quando chego ao país dos faraós. Obtenho mais informações sobre os fatos que ouvi. Um dos passantes amedrontado me narra uma história interessante sobre os seus governantes:

Gêmeos. Rei e rainha das terras vermelhas. Nascidos há milhares de anos atrás. Quando o mundo era dominado pelo gelo. E o homem pelos velhos deuses. Há muito tempo mortos e renascidos, cujas almas perduram para sempre.

Dizem que foram postos entre os homens pelos deuses, que viveram durante eras. Belos, jovens de olhos vermelhos como sangue.

Homem e sua tribo não notaram qualquer diferença até certo tempo. Quando a morte começou, em silêncio andar entre eles. Nunca tiveram um nome. Sempre sedentos.

O homem sabia de sua presença e os temiam. Olhavam para dentro de seus olhos e viam a sede e o sangue. Nunca se alimentavam da carne ou bebiam água.

No fim disse-me que eles realizavam um ritual que chamavam "uep-rá", devolvendo os sentidos a um morto através da boca. Curioso eu me dirijo até o ritual. Realizado no templo do senhor dos mortos vejo os belos gêmeos, irmãos e companheiros sentados em belos tronos de ouro.

Ambos são como deuses, jovens não aparentam ter mais de 18 anos. Vejo a grande rainha dona de grande beleza e poder, parado em um canto vejo o jovem rei se levantar e proferir suas palavras na língua egípcia.

Um calafrio corre pelo meu corpo quando vejo os seus olhos. Vermelhos como o sangue.

Todos se dirigem para uma sala repleta de flores, músicas e dançarinos.

No meio da multidão me espremo e na ponta dos pés tento ver o que acontece. O jovem faraó usa uma máscara de chacal. Em sua testa vejo em rubi o Ankh, símbolo da imortalidade. Semelhante a uma cruz, com a haste superior vertical substituída por uma alça ovalada.

A música torna-se mais sombria enquanto o jovem se aproxima de um corpo deitado sobre uma mesa. Parece estar inconsciente. O que vejo em seguida lembra-me Alexis.

Vejo os lábios do rei tocar a garganta do homem e o sangue escorrer, mas isso não o traz a morte e sim a vida eterna. Todos clamam por isso.

Quando a cerimônia termina me escondo entre as colunas e fico observando. Vejo a transformação de um ser mortal em imortal. O homem se torna mais belo, forte e quando se levanta olho para seus olhos, chego a arfa com tamanha intensidade.

Ele cheira o ar em sua volta. E num piscar de olhos está ao meu lado. Suas mãos duras como ferro apertam minha garganta. Há algo selvagem em suas expressões um silvo começa do fundo de sua garganta.

– Soltiu. – ouço a voz autoritária vim da sala.

Ele não exita em obedecer.

O Faraó caminha em nossa direção. A rainha sempre ao seu lado.

– Quem és tu? – pergunta-me.

Com medo digo quem sou. E o meu desejo.

E no fim não foi Alexis que me presenteou a imortalidade e sim os gêmeos.

Imortal...Belo e mais forte que qualquer humano passo a servir aos meus novos senhores. Eles confiam em mim. Perguntam-me sobre Alexis.

Senhores da cidade dos mortos. Tinham os chacais como seus animais. E eles os serviam. Eram os guardiões dos mortos. Os seguidores dos Gêmeos.

Não os temo e sim os amo. Embora sempre estejam sedentos eles são bons com os humanos. Mas eles os temem. O medo é mais forte e sorrateiramente se juntam durante as noites escuras em suas casas e tramam contra os seus governantes.

E enquanto dormíamos assaltam o palácio. Furiosos rugindo como feras, trazendo o fogo em suas tochas, trazendo a Morte Final a todos.

E os gêmeos traídos pelos humanos são aprisionados em sarcófagos. Fujo. Não há nada que eu posso fazer para ajudar os meus senhores. Vou para terras distantes enquanto eles passam a nos caçar.

Paro de ler. Sinto o cheiro do almoço e minha barriga protesta de fome. Levanto-me e desço para a cozinha. Ruan assiste a uma partida de hóquei na TV e mamãe termina o almoço na cozinha.

Ajudo-a com os talheres. Almoçamos em silêncio.

* * *

Entro na sala de aula. Guardo minha mochila quando noto um bilhete dobrado sobre a minha mesa. O pego e leio enquanto sento:

Quer ir ao cinema comigo hoje?

H.

Olho para traz por cima do ombro e vejo Henry debruçado sobre os braços em sua mesa. Com o queixo apoiado sobre os braços ele me olha com aquele jeitinho de cachorrinho abandonado. Meu Deus, não há como dizer não.

Para piorar. Ele movimenta os lábios vermelhos dizendo *"por favor"*.

Andamos pela calçada iluminada pelas luzes dos postes. Henry anda descontraído. Sorrindo ele me olha com seus belos olhos verdes, seus cílios são longos e charmosos.

– O que você achou do filme? – pergunta-me.

– Achei ótimo.

– Mesmo ela tendo morrido no final?

– Bem, sim. Enfim todos nós morremos um dia é inevitável.

Ele sorri surpreso com minha resposta.

Silêncio.

– Você não é daqui. – falo puxando assunto.

– Não, não sou. Estou aqui só por algum tempo.

– E depois para onde você vai?

– Não sei, talvez para casa. Sinto saudades. E você sente saudades da sua casa?

Meus olhos começam a lagrimejar quando me lembro de casa, do papai, da minha escola, dos meus amigos... Mas uma nova imagem surge em meus pensamentos: O lindo rosto sorridente de Luíz.

– Não, não sinto tanta falta assim.

– Isso é bom. – diz sorrindo. Henry parece um garotinho brincalhão.

Ao perceber que o olho ele sorri e diz:

– Acho que você gosta de mim.

Ele segura minha mão.

– Não seja bobo.

É inevitável, não sorri, ele de certo modo me deixa feliz.

– A maioria das pessoas aqui parece que não gostam de mim.

– Não acredito que isso seja verdade. Você é um cara legal.

Ele me olha por alguns segundos.

Seu polegar desliza sobre minha mão.

Meu celular começa a tocar.

Procuro na minha bolsa. Henry solta minha mão e eu pego o celular atendendo-o.

– Alô!

– Maria. É o Ruan. Estou levando sua mãe para o hospital o bebê vai nascer. – ouço.

– O bebê... Ela está bem? – pergunto preocupada.

– Sim ela está. Agora tenho que desligar.

– Tudo bem. – desligo o celular e o coloco de volta na bolsa. – Tenho que ir para o Hospital.

– O que houve? – pergunta-me Henry.

– Minha mãe, ela vai ter um bebê. Importa-se de me der uma corona até lá?

– Claro que não. Vamos.

Sinto o frio tocar minha pele enquanto entro no carro preto de Henry. Ele liga o motor e arrancando o carro partimos para o hospital.

Quando chego ao hospital encontro minha mãe em um quarto com o meu irmãozinho nos braços. Henry espera do lado de fora do quarto. Ela me olha sorrindo.

– Olá querida?

– Oi mãe.

– Ele não é lindo? – ela ergue o bebezinho nos braços.

– É sim. – digo parando ao seu lado na cama.

Deslizo a mão pela cabecinha dele e me sinto emocionada.

– Onde está o Ruan? – pergunto.

– Ele foi ao banheiro.

Quando minha mãe termina de falar. Ruan entra pela porta e sorrindo diz:

– Ei, agora nossa família está reunida.

Isso me pega de surpresa. Pisco os olhos. E contendo minhas lágrimas saio do quarto dizendo que vou ver Henry.

Sinto-me uma idiota por ter odiado minha mãe e o Ruan. Eles se mudaram para cá para terem uma vida melhor e estão conseguindo. E ter me mudado para o Canadá não foi nem um pouco ruim.

Enxugo minhas lágrimas com as costas de minhas mãos quando vejo Henry sentado no corredor.

Depois de me despedir de minha mãe. Henry me leva para casa.

– Maria... Bem, você é a garota mais legal que eu conheço aqui então gostaria de te fazer mais um pedido.

Diz Henry com o seu olhar. Isso não e justo dando um suspiro preparo-me para ouvir o seu pedido.

CAPÍTULO 21

Luíz

Sem sono, escalo a parede do meu quarto e me sento no telhado, olho a lua e penso em Maria. Reflito sobre os sentimentos que sinto por ela, meu coração dói ao pensar no perigo que ela correrá se ficarmos juntos.

Mas não consigo evitar. Não sei como viveria sem vê-la. Não sei se estou fazendo a coisa certa deixando me envolver dessa maneira. Depois de tudo que me aconteceu e se der alguma coisa errada?

Seu sangue sempre provoca o lado sombrio em mim, mas seu sorriso é como o sol afastando todas as sombras. Ela preencheu o buraco vazio em meu peito. Aberto com a morte de Gabrielle, durante séculos nunca pensei que alguém poderia me fazer apaixonar de novo, mas estava enganado.

Ouço alguém se aproximando e viro-me.

– Está pensando naquela garota? – diz Sandro pulando de uma árvore para o telhado.

– Isso é particular.

– Desculpe-me, mas se eu fosse o vampiro inimigo você já estaria destruído.

– Ouvi você se aproximando.

– Quando eu já estava nas suas costas. Você anda muito distraído ultimamente. É por causa daquela garota?

– Ei já não disse que isso é um assunto particular?

– Pensei que era o assunto de nossa proteção.

– E ela é.

Sandro sorri sentando ao meu lado.

– Acho que tem alguém apaixonado. Você sabe o perigo que estará expondo-a se envolvendo com ela?

– É claro que sei. – digo sentindo o peso em meus ombros.

– Ei. – diz Sandro colocando a mão em meu ombro. – Se você está disposto a lutar por ela lute.

Olho incrédulo para Sandro.

– Não precisa me olhar desse jeito Luíz. Só acho que você já sofreu demais por causa dos Imperias. Enfim se você está mesmo apaixonado por essa garota estou pronto para ajudá-lo a protegê-la. O que os Imperias fizeram com Gabrielle foi errado e não permitirei que isso aconteça de novo.

Sorriu abraçando sua cintura.

– Obrigado Sandro.

– Não precisa me agradecer. Agora vamos falar de sua formatura. Como anda as suas notas?

Sorriu balançando a cabeça.

– Não se preocupe eu vou me formar.

– É bom saber.

Sandro se levanta, anda sobre o telhado com a agilidade de um gato e quando está na beirada diz antes de saltar para o chão lá embaixo:

– Espero que já tenha convidado sua garota para o baile de formatura.

Sorrindo ele desaparece no escuro.

Penso em várias maneiras de convidar Maria para o baile de formatura enquanto dirijo a caminho da escola.

Quando chego à escola, a vejo caminhando com sua amiga, elas conversam tranquilamente. Aguçando meus ouvidos escuto o que dizem: Mary fala que seus pais a liberaram de seu castigo, depois começa a falar sobre a formatura... Maria diz que está feliz pela amiga e não fala mais nada, sempre silenciosa. Não faz nenhum comentário sobre a formatura.

Isso me desanima, todas as garotas da escola estão animadas para o baile de formatura menos ela. Então será que isso significa que ela não irá? Que não a nenhuma chance dela aceitar meu convite?

Nervoso, caminho para a minha aula de Cálculos. Por azar não tivemos nenhuma aula de História juntos hoje. Não consigo me concentrar na matéria que a professora de Filosofia passa no quadro negro.

Na hora do almoço estou mais calmo. Procuro Maria por entre as mesas do refeitório. Vejo-a sentada perto das janelas, começo a caminhar em sua direção, a ouço sorrir, quando me aproximo percebo que Henry está sentado ao seu lado e vejo-o ajeitar seus cabelos.

Fecho os punhos em uma onda de fúria. O ciúme me consome como as chamas do fogo. Transformando meu corpo em cinzas.

Ainda sorrindo ela vira-se e olha para mim. Seus olhos encontram os meus, mas estou machucado. Saio do refeitório. Jogando minha mochila no pátio corro para a floresta.

* * *

"O que você está fazendo?" Indago a mim mesmo pendurando em uma cerejeira florida em frente a sua janela.

"Convidando-a para a formatura já que você não teve coragem o bastante para convidá-la na escola".

Responde uma voz no fundo de minha mente.

Sinto o perfume das flores invadirem minhas narinas, mesmo assim ainda consigo distinguir o doce aroma de seu sangue. Respirando fundo bato com os nós dos dedos contra o vidro. O som parece-me estridente, podendo acordar toda a vizinhança. Mas não passa de leves toques, toques...

Vejo-a dormindo, sua face está bela, ela parece um anjo. Um anjo que está sendo vigiado por um demônio.

Depois de alguns minutos desisto de tentar acordá-la. Começo a descer da cerejeira quando a janela abre.

– Luíz? – chama-me surpresa. – O que você está fazendo aqui? Está tudo bem com você?

Olho para Maria, seus cabelos negros caem sobre os ombros, ela usa uma linda camisola de seda em um leve tom de azul.

– Eu... Eu... – com toda certeza estou parecendo um completo idiota agora. Mas não consigo raciocinar direito ao vê-la só de camisola.

Preocupada ela estende o braço para fora da janela tocando-me.

– Você está bem? – repete.

– Sim é claro que estou. Desculpe por estar aqui à uma hora dessas, mas é que eu precisava te ver... Pedir-te que... Que...

– Que? – pergunta levantando uma sobrancelha curiosa.

– Que você aceite ir ao baile comigo. – digo de uma só vez.

Ela pisca os olhos. Depois sorri de um jeito diferente que nunca a vi sorri antes.

– Nossa! – exclama Maria feliz. – Ah, Luíz, desculpe, mas prometi que iria com Henry.

Ela fica triste.

Sinto a dor da decepção tomar conta do meu peito.

– Eu não fazia ideia que você queria que eu fosse com você... – diz desesperada tentando me explicar.

– Tudo bem.

– Sinto muito.

– Claro, tudo bem.

Ficamos ali parados olhando um para o outro.

Seu olhar fica muito triste.

– Sério realmente me desculpe.

– Ei não fique assim quem deveria estar triste aqui sou eu. – e eu estou triste. – Você não tem culpa se todos os garotos querem ir ao baile com você.

Forço um sorriso. Ela deixa a mão cair ao lado do seu corpo.

– Se você estivesse me convidado antes eu teria aceitado com toda certeza eu teria...

– Maria, olhe para mim.

Seus olhos encontram os meus.

– Você não tem culpa se só agora eu tomei coragem para convidá-la. E não tem nenhum problema se outro garoto já fez isso.

Maldito Henry.

– Será que posso pelo menos conversar um pouco com você?

Ela olha para a camisola que usa, sente-se desconcertada. Sorrio para ela dizendo que está tudo bem. Queria lhe dizer o quanto ela está linda.

Ando até sua janela e estendo minha mão. Ela a segura dando um impulso sobre a janela. Seus pés descalços tocam o galho. Quando ela cambaleia a seguro, e a puxo para junto do meu corpo.

Sentamos sobre o galho. Apoio minhas costas no troco ficando de frente para ela. Suas pernas balançam para lá e para cá. Suas mãos delicadas estão apoiadas sobre o galho grosso.

– Desculpe por aparecer assim. – digo envergonhado.

– Não precisa se desculpar gostei de sua visita, só lamento muito em não poder ir ao baile de formatura com você. Só aceitei em ir com Henry porque ele é meu amigo e me disse que não queria ir sozinho.

Amigo? Ele só era um amigo para ela. Saber disso me enche de esperanças.

– Ele só foi mais esperto do que eu só isso. – digo sorrindo.

Ela cora. Vejo o sangue correr por sua face.

Tento-me concentrar no aroma das flores da cerejeira.

– Não acredito que estamos aqui em cima. – diz Maria olhando para a árvore a sua volta e para o chão lá embaixo.

Levantando uma das mãos ela toca as flores rosa.

– Quer que eu a desça?

– Não, é claro que não. Sinto-me viva aqui em cima.

Ela sorri como uma menininha. E meu coração enche de alegria.

Ela leva o nariz para mais perto de um cacho de flores e inala o seu perfume.

Observo-a, meu cérebro grava cada gesto seu.

– Desculpe por tê-la acordado.

Deslizo minhas mãos pelo seu rosto. Sinto sua pele quente, macia com o sangue pulsando...

Ela segura minhas mãos e fecha os olhos.

– Bem quando será que você vai entender que nada que você me faz vai me incomodar?

Ela abre seus belos olhos claros fixando-os nos meus.

Puxo os lábios em um sorriso.

Envolvendo seus ombros com o meu braço faço com que ela se aproxime mais de mim. Sinto o contado do meu corpo com o seu. O cheiro de seu sangue invade meu nariz deixando-me tonto.

Maria apoia sua cabeça em meu peito. Envolvo meus braços em sua cintura.

Ela é tão delicada e bela como as pétalas das flores que nos rodeiam.

Sua respiração começa a ficar mais lenta. Não passa de um soar. Está cansada. Se ajeitando mais contra o meu corpo ela levanta o rosto sonolento.

Seus olhos estão pesados. Ela pisca demoradamente.

Sinto seu hálito em meu rosto quando ela diz:

– Espero que isso não seja um sonho.

Fechando os olhos ela adormece em meus braços.

Ágil com meus poderes vampíricos, ergo-me sobre o galho com Maria em meus braços. Caminho levemente até sua janela. Entro em seu quarto e gentilmente a coloco sobre sua cama.

Toco sua testa com meus lábios.

– Boa noite minha linda. – sussurro me afastando.

CAPÍTULO 22

Maria

Um sonho. Com certeza o sonho mais lindo que já tive. Ainda posso sentir o seu cheiro. Acordo. A luz do sol entra pela janela fechada.

Espalho-me sobre minha cama. Sorrio ao lembrar o meu sonho. Ou será que foi real? Sim, é claro que foi real. Luíz esteve aqui ontem à noite. Ficamos sentados sobre um galho da cerejeira. Corro até a janela abrindo-a. Olho para a cerejeira florida em frente a minha janela. Os pássaros cantam sobre os seus galhos.

Deve ter sido apenas um sonho. Digo a mim mesma. Mas como eu queria que tivesse sido real cada momento. Da sensação de ter seus braços em volta do meu corpo...

Olho para a escrivaninha e noto um pequeno cacho de flores de cerejeira.

O pego e vejo um bilhete escrito em uma bela caligrafia:

A flor da cerejeira é considerada uma das flores mais belas do mundo, tanto pelo seu formato como pela delicadeza e espessura das suas pétalas. Considerada sagrada, pelas lendas indianas.

Ela me lembra você, delicada e linda, e o que é mais importante totalmente sagrada para mim. Não foi um sonho, nossa noite realmente existiu.

Beijos

Luiz Giovanni

Sorrindo aperto o bilhete contra o meu peito. Chego a rodopiar pelo quarto.

Caio sobre minha cama. A nossa flor. Nossa noite.

Depois de tomar um banho entro na internet e pesquiso sobre a simbologia da flor.

O Google abre em centenas de páginas clico na Wikipédia e leio:

"Original da Ásia, a cerejeira era associada ao samurai, cuja vida era tão efêmera quanto a da flor que se desprendia da árvore. Já o fruto tem o significado de sensualidade. Por seu vermelho intenso e maduro, a cereja suculenta é talvez o exemplo mais proeminente. O suco de cereja madura é de tão intenso sabor e cor que tem sido frequentemente comparado ao primeiro gosto do amor. Na aparência, das cerejas têm sido dito que lembram os lábios de uma amante, e quando mordê-lo em uma cereja, o fruto dá a aparência de sangrar. Há muito tempo existe uma ligação erótica para o fruto da árvore de cereja.

A cereja representa a castidade feminina e a pureza do amadurecimento da fruta. Uma vez arrancada, no entanto, a cereja representa a perda da inocência e da virtude. Uma cereja provada, sua carne perfurada pelo apetite, não é mais virgem. Uma cereja em chamas fala do desejo insaciável, paixão e luxúria".

Copio o significado em meu diário onde guardo uma das flores do cacho entre suas páginas.

Ouço Mary buzinar na porta da frente. Pegando minha mochila sobre a cama saio do meu quarto.

Mary me espera impaciente dentro do seu carro.

– Nossa Maria, pensei que você não ia descer.

– Calma amiga. – digo entrando no carro.

No caminho para a escola Mary fala sobre a festa de formatura. Ela está super animada. Mal pode esperar para ver quem é que vai convidá-la para o baile este ano.

– Espero que seja o Fred, ele é muito gato e você viu só o corpo dele. – ela fala enquanto olho para a rua. Penso em Luíz, meu coração se acelera só de lembrar dele. Mal posso acreditar que ele foi à minha casa ontem. Que esteve comigo e escreveu que eu era linda e sagrada para ele.

Sorrio feliz. Fecho os olhos lembrando-me do seu perfume.

Rose anuncia para toda Vancouver High School durante o almoço que o seu pai milionário ira bancar toda a festa de formatura e que graças a sua influência esse ano o baile será no Harbour Centre Tower.

O Harbour Centre é o terceiro arranha-céu mais alto da cidade de Vancouver. A festa será em sua cúpula no alto de uma torre a mais de 150 metros.

Todos aplaudem seu anunciado. Mary fecha a cara em uma expressão que não consigo distinguir.

– E a festa da nossa formatura esse ano será a fantasia. – anuncia ela. – então quero ver todos vocês tirando suas fantasias do armário.

Sua voz soa um tanto infantil.

– Com que fantasia eu irei?– exclama Mary furiosa enquanto seguimos para nossas aulas. – Estou perdida.

Não estou nem um pouco preocupada com a fantasia que eu vou. Quando chegar em casa pedirei a minha mãe que compre alguma coisa para mim. Desde que não me faça parecer muito ridícula.

Depois da escola vou para a casa da Mary fazer o trabalho de biologia da Sr.ª Emma, ela deixou que fizéssemos o trabalho mais para o fim do ano letivo como pontos extras. Como Mary não foi à excussão a professora pediu que ela fizesse um texto sobre os lobos canadenses.

A casa de Mary não é muito diferente da minha, dois andares, com varandas e gramado na entrada. Moramos um pouco distante uma da outra. O Sr e a Sra. Frances são ótimas pessoas e bastantes calorosos com a minha visita.

Sento no sofá da sala enquanto a Sra. Frances me serve alguns doces e o Sr. Frances sentado em sua poltrona me pergunta sobre meus pais.

Falo sobre minha mãe e Ruan e sobre meu pai em Acapulco. Eles ficam felizes em saber que sou mexicana já que possuem parentes no México.

Mary se parece muito com os pais. Sentada ao meu lado ela parece um pouco envergonhada. Quando subimos as escadas encontramos com o seu irmão mais novo que por sinal é uma graça.

– Detesto esse pestinha. – diz Mary enquanto fecha a porta do quarto.

– Por quê? Ele me pareceu tão fofo. – digo colocando minha mochila sobre sua cama.

– Fofo? Graças a ele não pude ir à excursão com você. Eu não tinha pedido aos meus pais para ir à boate. Desculpe por não ter de contado isso antes. Fiquei envergonhada depois de ter sumido daquele jeito. Então disse que estava com um resfriado. Mas ele me viu saindo durante a noite e contou para o papai. Agora tenho que fazer um texto sobre lobos.

– Não é tão mal assim. Eu vou ter que falar sobre tudo que vi, incluindo animal, mineral e vegetal e já você apenas de lobos.

Mary arfa e senta sobre a cama.

– Belo quarto. – digo olhando a decoração.

– Obrigada. Mas o que tá rolando entre você e o Henry?

– Não tá rolando nada.

– Mas ele te convidou para o baile.

– É porque somos amigos.

Mary me dá um daqueles seus olhares de interrogadora.

– E com o Luíz?

– Nada também.

– Maria eu não acredito que os dois caras mais gatos da escola estão afins de você e você diz que não tá rolando nada.

– Mary eles não estão afim de mim. – digo ficando vermelha.

– Maria você já beijou um garoto?

– Bem... Eu... Eu... – começo gaguejar.

– Eu não acredito. – grita Mary pulando sobre a cama.

– Eu só não achei o garoto certo só isso. – digo constrangida.

Mary não para de sorrir.

– Não vejo graça nenhuma nisso.

– Desculpa amiga, mas é que não posso acreditar nisso.

Fecho a cara.

– Por que não?

– Bem é que essa história de achar o garoto certo não existe isso é coisa de romances.

– Eu acredito em romances.

– Ai amiga que lindo você é romântica.

Mary me abraça e não conseguindo ficar mais séria. Começo a rir com ela.

– Olha temos que fazer nosso trabalho. – digo pegando minha mochila.

– Aff. Tudo bem.

Mary liga o seu computador e pego meu caderno e uma caneta.

Coloco o título e começo a escrever sobre o que eu vi. Enquanto escrevo perco-me em meio às palavras lembrando de Luíz. Sinto meu corpo aquecer. Foi tão bom estar com ele. Senti-lo tão próximo de mim quando estávamos sentados nas pedras do Farol.

– Maria? – ouço Mary me chamar.

– Sim. – digo saindo dos meus devaneios.

– Em que mundo você estava? – diz rindo.

– Mas como eu estava dizendo você sabia que o lobo quando encontra e escolhe uma parceira fica com ela para o resto da vida?

– Não.

– Pois é.

– Isso é lindo.

Mary dá um suspiro e diz:

– Sabe amiga desisti de encontrar o homem da minha vida. Depois do Cam parei de confiar nos garotos, mas desejo que você encontre o seu, você merece.

– Obrigada amiga. Mesmo assim você não pode desistir. Sei que sou uma garota boba em pensar nisso, mas tudo tem o seu tempo.

– Você tem razão. – me diz ela sorrindo.

Damos um abraço apertado e voltamos aos nossos trabalhos.

Desço do ônibus e caminho de volta para casa. Coloco as mãos no bolso do meu casaco. A noite está fria.

Ando pela calçada de cabeça baixa. A rua está vazia. Passo em frente a uma lanchonete que fecha e ando um pouco mais depressa quando passo por um grupo de garotos bêbados. Eles mexem comigo enquanto viro a esquina.

Nuvens negras cobrem o céu. Passo por uma área arborizada quando vejo uma sombra por entre as árvores. Meu corpo congela e meu coração dispara. Sinto o medo correr pelo meu corpo ao lembrar-me dos lobos do trabalho de Mary.

Será que há lobos nas proximidades de Vancouver? Tento não pensar muito nisso.

Forço minhas pernas andarem mais depressa. Sou tomada pela estranha sensação de que estou sendo seguida. Ouço meu coração disparado.

Passo embaixo das luzes dos postes. Ouço sons. Penso em correr quando viro à direita e vejo a rua da minha casa. Eu suspiro aliviada.

Ruan estaciona o carro na garagem quando entro em casa.

CAPÍTULO 23

Luíz

Estou sentado sobre minha escrivaninha. Faço meu trabalho de Biologia. Enquanto escrevo é impossível não pensar em Maria. Lembro-me do dia do Park, do mito que ela me contou. Tão lindo e tão trágico, tenho medo de que nossa história acabe assim.

Sou um vampiro, mas Maria a cada dia me dá uma natureza humana. Ela é o que há de bom em mim. Não tenho dúvidas disso.

Nesse momento descubro algo na qual vale apena existir. Quero existir a cada minuto só para estar ao seu lado, tocá-la, senti-la e vê-la.

Levanto da escrivaninha e vou até a janela. Respiro o ar da noite. Gelado percorrendo meus pulmões. Volto para o meu quarto e abro a porta do meu closet, entro e olho para as diferentes peças de roupas, sapatos e chapéus cada um de uma determinada época.

Acho isso engraçado, meu closet é como uma espécie de museu de roupa. Paro em frente de onde estão minhas roupas francesas. Olho para as roupas que um dia usei em Paris no século XVII e nos séculos depois que Sandro me transformou. Peças que usei em acontecimentos históricos como na Revolução Francesa.

Seguro meus trajes que usei no dia em que conheci Gabrielle no Baile de máscaras em Versailles. Sou tomado por fortes lembranças, mas a dor das recordações já não é tão forte assim. Não agora que amo Maria.

Saio do closet e coloco a roupa sobre minha cama. Essa será a fantasia que usarei no meu baile de formatura.

CAPÍTULO 24

Maria

Minha mãe entra em meu quarto. Estudo para as provas finais. Ela segura um cabide com a minha fantasia.

– O que é mãe? – pergunto pulando da cama e parando ao seu lado.

– É um vestido. Ele é lindo achei que combinaria com você. Ela abre o fecho e tira o saco que o protege.

– É francês. Usado nós bailes de máscaras no século XVIII.

Olho para o delicado vestido lilás que ela segura entre as mãos. Realmente ele é lindo.

– Querida quero te pedir uma coisa.

Minha mãe senta na cabeceira da minha cama.

– O que é mãe?

– Bem querida é que o Ruan foi convidado pelo chefe dele para jantar amanhã à noite e eles querem que Ruan nos leve com ele. Então gostaria de pedir que você fosse conosco.

– Tudo bem.

Minha mãe olha-me feliz.

– Obrigada querida.

Ela me abraça antes de sair do quarto.

122 | Sacrifício

Somos recebidos por um mordomo na porta da mansão dos Vancouver. Família descendente dos fundadores da cidade os Vancouver são extremantes ricos e poderosos.

Ruan usa seu melhor terno. Mamãe usa um lindo vestido rosa e eu um preto. Ruan fez questão de comprá-los para nós duas. Ele ficou bastante surpreso quando eu disse que ia ao jantar.

Tudo é tão lindo e perfeito. Vejo o Sr. e a Sra. Vancouver parados conversando com um casal. Eles nos veem e caminham em nossa direção.

– Ruan que bom que você chegou. – diz o Sr. Vancouver, um homem alto, elegante de cabelos grisalhos. – É um prazer conhecê-la senhora Mercedes.

Ele segura a mão de minha mãe.

– E essa deve ser a adorável Maria. – diz sorrindo para mim.

– Prazer em conhecê-lo senhor. – digo.

Ruan sorri e segura o braço de minha mãe.

– E onde está o jovem Gabe?

– Ele ainda é um bebê, querido, não pode ir a jantares. – diz a Sra. Vancouver ao marido, ela é muito simpática e extremante educada. – É um prazer conhecê-los.

– Esse é o nosso filho Brian – o Sr Vancouver vira-se e vejo um adolescente que é a cópia perfeita do ator americano Randy Harrison, forte com cabelos loiros longos e lisos, lábios cheios e olhos claros. Ele é muito bonito.

Brian olha-nos ergue os lábios em um sorriso e balança a cabeça. Ele é o tipo perfeito de adolescente rebelde.

Depois dos comprimentos jantamos em uma grande mesa nos jardins da mansão. Depois das sobremesas e piadas sem graça vou dar uma volta pelo jardim. A mansão fica na encosta de uma montanha. Vejo as luzes de Vancouver brilhar lá embaixo.

Encosto em uma balaustrada sobre uma pequena queda d'água.

– Jantar tedioso não é? – ouço Brian dizer enquanto se aproxima e para ao meu lado.

– Nem tanto.

Ele abaixa a cabeça e sorri.

– Não sei por que os meus pais insistem em fazê-los, acho que talvez eles pensem que assim eu poderia conhecer alguma filha dos seus sócios e passaria a gostar de garotas.

"Ele é gay?".

– Você já se assumiu para eles?

– Já, mas eles não aceitam minha condição sexual. – diz dando um suspiro e olhando para o horizonte.

– Isso é um pouco complicado. Quantos anos você tem Brian?

– 16 anos e você?

– Tenho 17.

– E onde você estuda?

– Na Vancouver High School.

– Legal quero estudar lá ano que vem.

– Você na Vancouver High School? Seus pais nunca permitirão isso.

– Eu sei. – diz triste.

Olho para a queda d'água.

– Você tem uma bela casa.

– Meus pais são exagerados.

Sorrio, Brian tem um sorriso brilhante e um caráter alegre.

– Então você tem namorado? – pergunta-me animado.

124 | Sacrifício

– Não.

– Você ficou vermelha. – diz sorrindo. – Acho que você gosta de alguém.

– Está tão evidente assim. – digo sorrindo e meio sem graça.

– Posso dizer que está escrito na sua cara.

Sorrimos.

– E como ele se chama?

– Luíz, mas acho que ele não gosta de mim.

– Por que você acha isso? – pergunta olhando para mim.

– Bem olhe para mim, não sou perfeita, ele é lindo.

– E o que faz você achar que você não é perfeita?

– Bem eu não tenho um corpo perfeito como as lideres de torcida.

– E o que te faz pensar que para ele uma garota ter o corpo de uma líder de torcida é ser perfeita?

– Bem... – nunca pensei nisso antes.

Brian puxa os lábios em um sorriso.

– Está vendo, ele pode te achar perfeita e você nem notou isso.

– Você tem razão.

Brian é uma pessoa maravilhosa. Conversamos bastante e rimos tanto que meu estômago chegou a doer.

– Sinto muito seus pais não aceitarem sua condição sexual. – digo sentada ao seu lado sobre a balaustrada.

– Não me importo. Não posso deixar de ser quem eu realmente sou por causa de um preconceito bobo. Eles vão acabar se acostumando. Mas nem tudo é ruim se não fosse o jantar deles eu não a teria conhecido.

– Você tem razão. – digo abraçando-o.

CAPÍTULO 25

Luíz

– Nenhum ataque nos últimos dois meses. – diz Sandro sentando no sofá.

Tomamos sangue em taças de cristal.

– Se foi Henry o vampiro responsável tenho que admitir que até hoje ele ainda não fez nada de suspeito. O tenho seguido e vigiado quase todas as noites.

– Quase? Onde você esteve quando não o estava vigiando. Coro.

– Protegendo Maria.

– Hum. Se não foi ele o assassino acredito que ela não corre mais perigo. Mas não vamos baixar a guarda.

– Você tem notícias dos Doges? – pergunto mudando de assunto.

– Peter me ligou dizendo que no momento está tudo bem em Veneza. Mas a cidade ainda está em ameaça.

– Nós os ajudaremos quando eles precisarem. – digo tomando um gole de sangue.

O gosto é delicioso. Não há nada mais prazeroso em todo mundo do que o gosto de sangue. O êxtase é inexplicável. Se controlar para não tomá-lo direto de um humano é extremamente difícil.

– É hoje sua festa de formatura não é?

– É sim.

– Já convidou a sua garota?

– Bem, ela já tinha sido convidada por outra pessoa.

– Isso é uma pena. Mas e você não pensou em convidar outra?

– Não, é claro que não.

Sandro sorri.

– O que foi? – pergunto.

– Você está mesmo apaixonado, heim.

Fico envergonhado, mas respondo:

–Acredito que sim, extremamente apaixonado.

Sorrindo, Sandro segura meu ombro.

De frente ao espelho amarro meus cabelos atrás em um rabo de cavalo. Eles cresceram bastante nós últimos meses.

Coloco meu colete azul. As lembranças são fortes, causando a costumeira dor em meu peito. Mas elas ainda não se comparam com a dor dos ciúmes em saber que Maria vai ao baile com outro. O que é pior com Henry. A noite começa a cair lá fora.

As lembranças voam em minha cabeça. Fecho os olhos me lembrado de um final de tarde no outono de 1773.

Estou sentado com as costas apoiada no tronco de uma árvore cujas belas folhas vermelhas e laranjas parecem estar em chamas. Gabrielle está aninhada em meu peito.

Inspiro e sinto o delicioso aroma de seu sangue misturado com o cheiro da grama do fim da tarde.

Ela puxa os lábios em um sorriso quando acaricio as curvas do seu pescoço com as pontas dos dedos. Sua pele se arrepia.

– Como é sentir sede? – pergunta-me ela.

– É como ter brasas na garganta.

– Está com sede agora?

– Não, não estou. Gosto de sentir o cheiro do seu sangue.

– Mas, e a dor?

– Aprendi a conviver com ela.

Gabrielle fica em silêncio.

As barras de seu vestido branco estão espalhadas sobre a relva verde a nossa volta. Suas mãos delicadas deslizam sobre as folhas secas caídas no chão.

Olho para o seu rosto apoiado em meu peito. Deslizo a mão pelo seu queixo. Toco levemente seus lábios cheios e beijo suas pálpebras fechadas.

– Eu te amo. – murmuro em seu ouvido.

Ela sorri. Abre os olhos e fica me olhando.

– Você é tão lindo. – diz beijando-me.

Nosso beijo é longo e apaixonado.

Aperto meus braços em volta de sua cintura e apoio o rosto em sua cabeça.

Olho para as árvores em nossa volta tingidas pelo outono. Folhas amarelas, laranjas e vermelhas cobrem o chão como um tapete acolhedor. O azul do céu dá lugar às nuances violetas, no entardecer cujo pôr do sol é esplêndido. O calor se dissipa aos pouco.

O outono é minha estação preferida, onde os dias são curtos e as noites aparecem mais rápido.

– Em que você está pensando? – pergunta-me Gabrielle com sua voz suave.

– Em você. Sempre penso em você.

Digo esfregando meu nariz em sua testa.

Ela sorri. Seu sorriso mais íntimo e inteiramente meu.

Pisco voltando à realidade. Olho para o meu reflexo no espelho. Meus olhos estão cheios de lágrimas.

Não adianta mais eu sofrer por algo do passado. Amo outra garota. Por mais que um dia tenha amado Gabrielle não posso viver sofrendo por sua perda.

Preciso de Maria. Ela devolveu vida a minha existência morta. Trouxe luz onde só havia trevas. Se tudo der certo está será à noite em que beijarei Maria. Se possível direi o que sinto por ela. Que a amo.

Jack para ao meu lado. Olho para o seu reflexo no espelho.

– Deseje-me sorte garoto. – digo passando a mão em sua cabeça.

Ele late em resposta e me olha nos olhos.

Vestido com os trajes que ia aos Bailes de Versalhes coloco a máscara e saio do meu quarto.

CAPÍTULO 26

Maria

Mary e minha mãe me ajudam com o meu vestido. Mary me ajuda com os espartilhos enquanto mamãe ajeita as saias volumosas, estendidas lateralmente.

Calço os delicados sapatos e aperto os laços do vestido. Meus cabelos caem em cachos sobre os meus ombros. Meus seios estão extremamente apertados no corpete.

– Nossa você está linda. – diz Mary sorrindo.

– Obrigada. Digo o mesmo de você.

Ela está fantasiada de Cleópatra.

– Sou a própria rainha do Egito. – brinca ela.

Sorrimos.

– Bem garotas. Vou deixar vocês sozinhas. Gabe precisa tomar sua mamadeira. Você realmente está linda querida.

Diz mamãe beijando minha testa.

– Obrigada mãe.

– Bem espero que a festa seja boa já que foi a Rose que a organizou. – diz Mary irônica sentando em minha cama. – Estou tão feliz por Taylor ter me convidado.

Ela dá um suspiro. Taylor é um formando que Mary acha super gostoso.

– Fico feliz por você. – digo sentando ao seu lado.

– Mas você não parece tão feliz com o seu par, o que aconteceu? Vamos me conte.

– Bem é que queria ir mesmo era com o Luíz, ele me convidou, mas eu já tinha aceitado o convite do Henry.

– Não fique assim. Eu sei que quando o Henry usa aquele olhar não há como dizer não para ele. Mas você nem sabia que o Luíz ia te convidar. Então não fique triste por isso.

Mary segura minha mão.

– Você tem razão.

– Ei! Eu sempre tenho razão.

Sorrimos.

Ouvimos a campainha tocar.

– Deve ser o Henry. – diz Mary se levantando.

– Então vamos logo. – digo puxando seu braço.

Ela para na porta e diz:

– Maria você tem certeza que ele não vai se importar em me levar com vocês?

– É claro que tenho Mary. Enfim isso não é um encontro.

Sorrindo saímos do meu quarto.

Henry me espera no pé da escada. Seus olhos percorrem o meu vestido e sorri. Ele usa uma máscara branca que tampa um lado do seu rosto direto. Um colete preto com detalhes sobre uma blusa de mangas brancas, gravata borboleta, uma capa curta sobre os ombros largos e calça e sapatos pretos.

Segura em suas mãos uma rosa vermelha com um laço preto amarrado em seu caule.

Ele está muito gato.

– Você é a acompanhante mais linda que já vi. – diz me entregando a flor.

Não há como não se sentir atraída por Henry, seu jeito sexy, seu rosto desenhado e seu sorriso perfeito...

– Será que podemos ir? – pergunta Mary se encolhendo a meu lado.

Paramos em frente ao Vancouver Lookout. Olho para o topo da torre em forma de disco. Acessada por elevadores vermelhos panorâmicos envidraçados.

CAPÍTULO 27

Luíz

Sinto-me completamente deslocado no meio dos piratas, zorros, chapeuzinhos vermelhos entre tantas outras fantasias. Estou parado em frente a uma das dezenas de janelas no alto da torre. A visão é espetacular. Tenho a vista perfeita de quase toda a cidade.

A música toca alta. Fitas, confetes e balões estão espalhados pela torre. Corpos se contorcem e sorriem na pista de dança.

Olho ansioso sobre suas cabeças. Procuro por Maria. Depois de alguns minutos a vejo. Congelo. Ela está linda e não e só isso que faz meu corpo gelar e meu coração morto parar.

É o seu vestido, o belo vestido lilás. Ela parece uma perfeita dama francesa do século XVIII. Por um momento a torre some e me vejo no Baile de Versalhes. Só existe apenas nós dois.

Mas não é Maria que vejo e sim Gabrielle. Maria usa o mesmo vestido. Afasto-me em choque com as lembranças do passado.

Ela sorri, vejo sua amiga e Henry. Sinto uma vontade imensa de atacá-lo, afastá-lo de minha garota.

Tento manter o controle. Olho para as luzes lá embaixo concentrando meus pensamentos. Afastando a raiva e os ciúmes de mim. Fico a observando de longe.

CAPÍTULO 28

Maria

Olho pela torre. Procuro por Luíz, mas não o vejo. Será que ele veio? Devia ter aceitado seu convite. Espero que ele não tenha vindo por falta de um par...

Isso é ridículo ele é o cara mais lindo da escola. As garotas provavelmente se atirariam aos seus pés para que fosse seu par. A verdade é que não quero vê-lo com outra garota sei que estou sendo egoísta, mas não posso suportar...

Mary se aproxima sussurrando em meu ouvido.

– A fantasia ficou perfeita nela. – levanto os olhos para ver de quem ela fala e vejo Rose Miler vestida de Condessa sangrenta.

Sorrimos malvadas.

A Condessa sangrenta era uma condessa húngara que entrou para a História por uma série de crimes hediondos e cruéis que teria cometido contra suas servas, vinculados com sua obsessão pela beleza.

Henry pede alguns minutos e se afasta para dar os parabéns aos seus amigos formandos. Mary vê seu acompanhante e vai até ele.

Fico sozinha ouvindo a música e olhando as pessoas a minha volta. Viro-me quando o vejo. Luíz está lindo, usando calças vermelhas justas, um colete azul, meias e um sapato de salto.

Uma bela máscara cobre a parte superior de seu rosto perfeito. Seus olhos azuis são inconfundíveis na máscara.

Por coincidência usamos fantasias com os mesmo tema a França no Século XVIII. Nossas fantasias nos tornam um par.

Seus olhos percorreram o meu corpo. Fico envergonhada e minhas bochechas ficam quentes.

Seu olhar é curioso e cheio de surpresa.

Ele muda o jeito de me contemplar e me olha confuso e encabulado, abaixa a cabeça e sorrindo diz:

– Você está linda.

– Obrigada. – digo sorrindo de volta.

Ele pega a minha mão. Ao seu toque me arrepio e sinto aquela costumeira sensação que faz meu corpo tremer e meu coração disparar.

Com um simpático sorriso ele diz:

– Eu já devia ter me acostumado a vê-la tão linda assim, mas confesso que cada vez que te vejo me surpreendo mais ainda.

Sorrio tímida. Não sei o que dizer, apenas quero olhá-lo.

Luíz passa sua mão no meu rosto, acariciando de leve. Meu corpo todo fica em chamas, queria abraçá-lo, sinto minhas pernas bambas.

Meu Deus! Eu estou completamente apaixonada por ele.

– O que foi? – pergunta ele vendo a expressão em meu rosto tentando descobrir o meu verdadeiro sentimento por ele. Ele fica sério e apreensivo enquanto retira algumas mechas do meu cabelo que cobrem meus olhos.

– Não é nada. – respondo tonta.

Borboletas voam em meu estômago.

– Não é lindo este lugar. – digo olhando para o topo da torre Harbour Centre. – Tenho que admitir que Rose pelo menos tem bom gosto.

Pelas janelas do alto da torre temos uma visão perfeita de Vancouver a noite.

– Mas para alguém como ela temos que admitir que ficar acima de 150 metros ainda é pouco.

Sorrimos com a sua piada.

Ele me encara delicadamente.

– Quer dançar? – pergunta ele.

– Quero – respondo segurando sua mão.

Caminhamos para a pista de dança com o seu braço envolto na minha cintura.

Começamos a dançar. Nossos corpos parecem um só movendo-se de acordo com o ritmo da música que toma a torre. Suas mãos acariciam minha cintura um calor diferente passa em meu corpo, meu coração acelera tanto que eu penso que vai explodir.

Ele sorri e me olha profundamente.

Luíz me puxa para mais perto do seu corpo com um movimento suave e equilibrado. Ele vai me beijar? Sim. Está escrito em seus gestos. Meu coração bate mais forte, fecho meus olhos enquanto inclino o rosto para encaixar meus lábios aos seus.

Um choque elétrico percorre o meu corpo, transformando tudo em fogo ao contado de nossos lábios. Seus lábios têm gosto de menta, são doces e macios. Tento não respirar para não estragar esse momento único.

Chamas tomam conta do meu corpo deixando tudo ainda mais quente quando sua mão forte e grande segura cuidadosamente a minha bochecha.

Seguro sua cintura apertando-a.

Ele dá um gemido baixo e se afasta delicadamente.

Seus olhos azuis me fitam profundamente.

– Eu te amo. – sussurra para mim.

Pisco os olhos sem acreditar no que ouço.

Ele puxa os lábios em um sorriso.

Seus dedos contornam os meus lábios.

– Hum... Acho que não o quanto eu te amo. – murmuro me sentindo mais viva e feliz.

Seu sorriso é incandescente.

– Nunca duvide disso, eu te amo mais acredite. – sussurra puxando-me para mais um beijo.

Depois de alguns minutos nos afastamos. Luíz encosta o seu nariz no meu sorrindo.

– Quer beber alguma coisa? – pergunta.

– Quero sim.

– Me espere só um segundo então. – diz apertando minha mão.

Vejo Luíz se afastar na direção da mesa de ponche.

Olho para a pista de dança.

Começa a tocar Sweet Sacrifice de Evanescence. Todos estão felizes, dançam, conversam e riem muito. Vejo Mary dançando com o seu garoto. Ela olha para mim sorrindo. Retribuo seu sorriso. Até a presença de Rose na festa não me incomoda mais, ela conversa com um grupo de garotos que parecem idiotas com o jeito que olham para ela.

De repente a música para e as luzes se apagam. A torre é tomada pelo som das vozes assustadas das pessoas. As luzes da saída de emergência se acendem.

Começo a ser empurrada pela multidão que começa a ficar inquieta. Assustada lembro que estamos no alto de um prédio e só há dois elevadores para nos tirar daqui. Viro-me e bato o ombro no peito de alguém.

– Desculpa. – grito.

– Ei. Você está bem? – ouço uma voz familiar me perguntar.

– Henry! Onde você estava?

– Venha comigo. Temos que sair daqui.

– Não posso, tenho que achar Mary e... Luíz – tento dizer, mas Henry me puxa pelo braço tirando a sua máscara com a outra mão.

– Fiquem todos calmos pessoal. Está tudo bem. – ouço a voz de Rose pelo microfone:

– Preciso que todos mantenham a calma. Só tivemos um pequeno problema com as luzes.

As pessoas começam a ouvi-la. Mas Henry segue por entre os corpos me puxando com ele. Paramos em frente a um elevador.

As luzes se acendem quando as portas do elevador se fecham e ele começa a descer.

– O que você está fazendo? – digo furiosa soltando meu braço da mão de Henry.

– Mantendo você em segurança.

– As luzes voltaram. Agora está tudo bem.

– Não Ma, não está.

Henry está diferente seu olhar é estranho. Uma máscara toma conta do seu belo rosto.

O elevador para e as portas se abrem. O ar frio penetra a minha pele quando andamos pelo estacionamento. Henry me leva até seu carro.

– Entre no carro. – diz Henry abrindo a porta da frente.

– Não Henry, não até você me explicar o que está acontecendo.

– Entre agora. – diz ele num tom ameaçador, seus olhos faíscam. Olhando para trás penso em Luíz.

– Se você não entrar eu a forçarei.

Entro no carro. Henry fecha a porta e dá a volta na frente do carro. Coloco o cinto enquanto ele entra.

Ele liga o motor. Os faróis se acendem e o carro começa a se movimentar.

O ar frio que vem da janela começa a penetrar na minha pele quando o carro ganha mais velocidade.

– O que está acontecendo com você? – pergunto virando-me para ele. Seu olhar está fixo na estrada. Henry parece ter se transformado em outra pessoa. Colocado uma máscara rígida no rosto.

Ele não diz uma palavra nem olha para mim. Ele parece estar nervoso.

– Aconteceu alguma coisa na formatura. Você está com algum problema?

– Você é o problema. – meus batimentos disparam e o meu rosto perde a cor quando ele olha para mim.

– O que eu fiz?

Minha boca está seca.

O carro começa a ir mais rápido, seguro me no banco.

Ele olha para a rua e depois para mim.

– Você foi à garota que eu escolhi. Na verdade foi o seu sangue que me atraiu. A princípio achei que seria impossível, mas aqui estamos nós...

– Do que você está falando?

Henry abre os lábios em um sorriso, vejo seus dentes perfeitos sob os lábios. Tremo.

– Pare o carro. Pare-o agora e me deixe sair. – digo forçando as mãos na porta.

– Como você quiser. – diz Henry sorrindo e pisando no freio.

O carro para abruptamente. Abro a porta e saio do carro, mas me deparo com Henry parado em minha frente.

Como ele fez isso? Como saiu do carro tão rápido assim.

Olho a minha volta, estamos parados próximo de um desfiladeiro ouço o farfalhar das folhas das árvores ao vento a nossa volta. Meus cabelos se agitam. Volto meu olhar para Henry, a luz da lua ilumina o sorriso que forma em seus lábios.

Ele anda em minha direção. Suas mãos fortes seguram os meus braços apertando-os e ele me prensa contra o carro.

–O que você está fa...

– Desculpe. – murmura Henry antes que eu termine minha frase com um sorriso malicioso. Seus lábios percorrem a artéria do meu pescoço. – Poderíamos ter nos dado muito bem. Quem sabe ter tido algo, mas infelizmente tenho que matar você, preciso do seu sangue.

Estou presa entre seu corpo e o carro.

– Se vai me matar, será que poderia ser mais depressa.

Ele chega seu rosto mais perto do meu. Posso sentir sua respiração.

– Não precisamos ter pressa. Nós dois temos todo o tempo no mundo agora.

Não sinto medo.

– A agora somos só eu e você.

– O que você é? – pergunto tentando manter a calma.

Ele levanta os olhos me fitando, puxando o lábio em um sorriso divertido diz:

– Acredite linda você não vai querer saber.

Meu coração pula em meu peito.

– Você foi a garota mais difícil sabia. – murmura ele. – Ou pelo menos se fez de difícil durante todo o ano evitando meus convites. Pensei que você como todas as outras garotas gostaria de sair comigo, mas não, sempre tive que implorar para você fazer isso. Desculpe se não fui tão bom para conquistá-la como aquele idiota do Luíz.

Psicopata penso. É isso que ele é.

Reajo. Dobrando o joelho chuto-o por entre as pernas com toda força. Ele se contorce de dor. Desvencilhando do seu braço seguro a barra do meu vestido e começo a correr.

Corro por entre as árvores. A luz da lua cheia ilumina a floresta. Estou arfante. Meu vestido está sujo e rasgado. Meu cabelo gruda em meu rosto com o suor.

CAPÍTULO 29

Luíz

Sandro e eu corremos pela floresta escura. Sinto medo, como nunca senti antes. Temo não chegarmos a tempo. Maria está em perigo e cada célula do meu corpo morto sente isso. Eu não posso suportar a ideia de perdê-la. É doloroso demais, horrível demais. Talvez isso seja um castigo. Um preço alto a se pagar por ser o que eu sou.

Sinto sede. Minha garganta queima. A sede deve-se a minha raiva. Sinto uma vontade incontrolável de rasgar e destruir. Sinto-me um mostro em fúria. Sandro olha-me preocupado.

Posso imaginar o que ele está pensando agora. Se realmente fez a coisa certa encorajando o meu envolvimento com uma humana. E como eu sobreviverei com a perda desta...

– Fique calmo Luíz. – diz Sandro ouvindo o silvo vim do fundo de minha garganta.

– Eu não suportarei Sandro. – digo entre dentes enquanto corremos. – Não suportarei perder alguém que verdadeiramente amo.

Seu olhar está cheio de compaixão e compreensão.

– Vai dar tudo certo filho. Eu estou com você.

Ouvir isso é reconfortante e encorajador.

– Se ela morrer, Sandro eu também morrerei. – minha voz sai rouca.

– Não diga isso. – ele se assusta com o que falo.

Minha vida agora parece uma tragédia Shakespeariana.

– Estou disposto a fazer qualquer sacrifício por ela. Mesmo que isso signifique a minha morte final.

Noto a verdade de minhas palavras. Estou disposto a tudo por Maria. Não posso suportar a ideia de existir sem ela. Sua vida faz parte da minha agora. Por alguns segundos me vejo em um mundo sem a sua presença. Só há o vazio e a dor.

Morrer será tão fácil. Não tenho medo da morte final agora. Não me importo se deixarei de existir. O fogo me consumira em segundos acabando com todas as dores, com todo o vazio. Há tantas maneiras de me destruir agora, estar no interior de uma casa em chamas, entrar em uma fogueira, mergulhar no interior de um vulcão...

Entrei em estado de pânico quando vi que Maria não estava mais na torre quando as luzes voltaram. Procurei por todo o baile chegando até perguntar a sua amiga Mary onde ela estava, mas ela não sabia. Logo deduzi que Henry finalmente tinha agido.

Desci pelos elevadores, amaldiçoado a sua velocidade extremamente lenta e me segurando para não me lançar do edifício – coisa que seria bem mais rápida, mas eu poderia ser visto por alguém.

Liguei para Sandro lhe contando tudo. Depois de alguns minutos ele estava ao meu lado. Juntos sentimos o rastro deixado por Henry. Para mim foi mais fácil. Sentir o cheiro de Maria era fácil demais para mim. Ele estava gravado em meu cérebro e dificilmente eu poderia esquecê-lo.

– Vamos – eu disse, as palavras soando como um rosnado, senti o doce aroma de seu sangue entrar em meus pulmões. O cheiro despertava certa euforia e saudade que se misturava a desespero.

Nós dois assumimos uma posição de caçada e eu deixei o cheiro do seu sangue me guiar.

A fúria corre pelo meu corpo enquanto nós dois nos aproximávamos cada vez mais.

CAPÍTULO 30

Maria

Não paro de correr. Desvio dos caules a minha frente. Cansada depois de correr o que parece horas. Paro e encosto minhas costas contra o tronco de uma árvore.

Fico atenta aos sons a minha volta. Olho para todas as direções. Não há nada a não ser os caules das árvores envoltos pela escuridão da noite. A lua brilha no alto, nuvens deslizam suavemente no céu noturno.

Eu suspiro um pouco aliviada quando sinto mãos fortes envolvendo minha garganta. Olho desesperadamente para frente e vejo o rosto de Henry próximo do meu. Ele está selvagem.

– Você não pode fugir de mim. – diz caçoando-me.

Pontos brancos se formam em minha vista quando suas mãos apertam ainda mais. Estou ficando sem ar.

A morte é algo um tanto interessante. Sempre pensei que seria como dormir, e realmente lentamente eu estou sendo envolvida pela leveza de um sono. E eu o desejo mesmo que eu saiba que numa mais irei acordar.

Lembro-me de minha mãe, meu irmãozinho Gabe, do papai, da vovó, de Mary e de Luíz... Pensar nele dói, saber que nunca mais poderei sentir o gosto do seu beijo.

Esse é o fim. Tudo na vida tem um preço a se pagar. Hoje foi o dia mais feliz da minha vida, tudo pareceu tão perfeito, tão surreal. Aconteceram tantas coisas que me parece que aconteceram há anos.

Acredito que Henry não quer me matar assim. Ele falou que queria meu sangue e dessa maneira ele não vai consegui-lo. Creio que ele não tem noção da força de seu aperto.

Estou pronta para me entregar ao meu sacrifício quando sinto suas mãos se afastarem do meu pescoço. A sensação de alívio vem com o ar que desesperadamente entra em meus pulmões.

Levo as mãos a minha garganta dolorida. Caio de joelhos tossindo. Levanto o rosto curiosa com o afastamento de Henry. Será um de seus joguinhos? Terei uma morte lenta e dolorosa é isso!

Para minha surpresa vejo Henry cercado por Luíz e o cara que estava com ele na praia em White Rock. Eles o rodeiam como dois felinos que encurralam sua presa e estão prestes a atacar.

– Luíz. – seu nome sai como um grito. Ele me olha seus olhos azuis estão desesperados.

Henry olha-me também e emite uma espécie de silvo. Ele lança-se em minha direção. Luíz salta contra ele o jogando no chão.

– Corra. – grita Luíz para mim.

Começo o correr enquanto os dois lutam furiosamente. Avanço pela floresta. Entro em uma trilha íngreme e piso na barra do meu vestido desequilibrando e caio rolando por um barranco e bato a cabeça, sinto meus olhos pesados e uma dor latejante vir da minha cabeça. Vendo o mundo girar a minha volta mergulho na escuridão.

CAPÍTULO 31

Luíz

Paro na frente de Henry. Ele se agacha em posição de ataque emitindo um silvo.

Sandro o rodeia do outro lado.

– Você está cercado. Não há para onde ir. – digo ameaçando-o

– Outros vampiros! Isso é impossível.

– Você foi imprudente entrando em nossas terras e matando nossos humanos. – diz Sandro.

– Como vocês se atrevem a me atacar. Só faço o que é da minha natureza diferente de vocês e sua escoria a quem chamam de Conselho.

– Você sabe de nossas leis? Quem o criou? – pergunta Sandro tentando manter a calma.

Henry sorri.

– Como não pude perceber você? – diz olhando para mim. – Um vampiro, convivendo comigo o tempo todo.

– Você é apenas uma criança. Não sabe nada do nosso mundo ainda. – diz Sandro.

– Não preciso. Sei que vocês são os traidores de sua própria espécie.

– Se pensa assim por que você acobertou todas as suas mortes?

Sandro é bom com as palavras distraindo-o.

– Não sou um idiota. Sei do poder dos Imperias e o que eles poderiam fazer comigo caso me descobrissem. Mas tenho que admitir que eu não esperava encontrar outros vampiros aqui.

Henry olha para todos os lados. Tentando encontrar uma brecha para uma fuga.

– Não há como você fugir. – digo puxando meus lábios em um sorriso.

Henry fulmina-me com o seu olhar.

– E você porque está protegendo essa humana? – aponta Henry para mim. – Não me diga que se apaixonou por ela, porque isso é ridículo, sei que mais cedo ou mais tarde terá bebido todo o seu sangue.

Não consigo me controlar, corro em sua direção. Lutamos a uma velocidade sobre humana. Deixo a natureza de vampiro tomar conta do meu corpo. Sou um animal atacando violentamente.

Henry é rápido e desvia dos meus ataques mais fatais.

Estamos rápidos demais. Árvores caem com o choque de nossos corpos contra os seus troncos.

Sandro nos observa atento aos nossos ataques. Em um descuido Henry escapa do aperto de meus abraços. Sandro o persegue pela floresta o pega pelo braço e o arremessa na minha direção.

Com um rosnado ele cai como um felino sobre o chão. Agachado fica em posição de ataque.

– Vou matá-lo e depois beberei o doce sangue de sua garota em comemoração. Cansei de brincar. – diz ele.

Furioso desperto o vampiro predador de dentro de mim. Disparo em sua direção e agarro seu pescoço arrancando-o.

Seu corpo permanece de joelhos por alguns estantes, ouço o cair sobre o chão, viro-me e jogo a cabeça de Henry sobre o seu corpo.

Tremo com a adrenalina. A fúria percorre cada célula do meu corpo fazendo minha garganta arder de sede.

Sandro coloca fogo em seu corpo e o fogo se espalha rapidamente, como se sua carne fosse algum tipo de combustível altamente inflamável.

Olhando para as chamas da fogueira aos poucos vou me acalmando. Meus pensamentos ficam mais organizados em minha cabeça fazendo-me lembrar de Maria.

– Maria. – sussurro.

– Ela não deve estar muito longe. – diz Sandro parando ao meu lado. – vou ajudá-lo a procurá-la.

Encontro Maria caída sobre as folhas.

– Maria acorde, por favor, acorde. – levantando Maria do chão, abraço-a contra o meu peito. Consigo ouvir os seus batimentos, mas eles estão muito baixos e lentos.

– Volte, por favor. Volte para mim.

Os seus batimentos ficam mais lentos quase não posso ouvi-los.

– Por favor, você não pode me deixar. Não meu amor, não vou suportar. Não faça isso comigo.

Erguendo-a nos braços começo a correr.

– Maria você não pode morrer. – o seu batimento agora não é mais que um leve sussurro.

Maria em meus braços fica cada vez mais pálida e fria.

Lágrimas correm pelo meu rosto.

De repente, seus olhos se movem. Seu coração começa a bater mais rápido e ela ganha um pouco de cor.

– Luíz. – sussurra tocando o meu rosto.

Sorrio.

Toco meus lábios nos seus. Sorrindo.

–Vai ficar tudo bem. – digo apertando-a contra o meu peito.

Olhando-me profundamente ela fecha os olhos mais uma vez.

CAPÍTULO 32

Maria

Deitada em minha cama ouço Lost in Paradise de Evanescence. As coisas estão confusas em minha cabeça. Fechos os olhos e tendo me lembrar do que aconteceu depois da formatura.

Não consigo me lembrar de nada.

Ouço um som diferente. Tirando os fones de ouvido, levanto-me e vejo Luíz parado em frente à janela do meu quarto sobre o galho da cerejeira.

Corro até lá para abri-la. Ele entra abraçando-me fortemente.

– Eu te amo. – digo agarrada em sua nuca.

– Eu também te amo. – diz enquanto me aperta.

Sinto seu hálito em meu pescoço.

Quando me separo dos seus braços, ele me encara e delicadamente me beija.

– Fiquei com tanto medo de te perder.

– O que aconteceu lá? – pergunto apoiando o rosto em seu ombro.

– Eu salvei você.

– De que?

Luíz dá um suspiro profundo.

– Não posso te dizer. Não agora. Isso colocaria você em perigo. Preciso que confie em mim.

– Eu confio.

Há algo de misterioso e sombrio em Luíz. Extremante secreto. Algo que ele não quer que eu saiba. Que me colocará em grande perigo caso ele me conte. Ele tem um segredo e não pode me contar. Eu confio nele. Por mais misterioso que o seu segredo me parece eu confio. E o confiaria a minha vida.

Sinto o seu cheiro. Sinto-me protegida.

Os créditos do filme começam a passar quando as luzes da sala de cinema se acendem. Ainda estou emocionada quando me levanto.

– Sempre choro quando vejo Titanic. – diz Mary parada no meu lado esquerdo.

–Você chora praticamente em todos os filmes que assistimos Mary. – diz Brian ainda sentado.

– Isso não é verdade... – começa Mary a dizer.

– Ei comportem-se vocês dois. – murmuro.

Desde que se conheceram Brian e Mary se tornaram amigos, mas sempre ficam discutindo.

Brian olha para o lado e Mary faz um biquinho.

– Vamos, a sala já esvaziou. – digo pegando meu casaco.

Os dois me seguem. Cada um de um lado do meu ombro. Sinto-me tão segura com eles.

É sábado e viemos ver Titanic em 3D. Meu filme favorito, por mais que eu o já tenha visto, ele sempre me deixa emocionada e me envolve de uma maneira que não tem explicação.

Saímos do cinema. A noite iluminada de Vancouver está nublada. Paramos na porta do cinema quando eu o vejo. Meu coração dispara e um calafrio corre pelo meu corpo.

Luíz está encostado em seu carro. Com os braços cruzados sobre o peito musculoso. Loiro, alto, perfeito e ainda mais lindo. Seus lábios vermelhos puxam-se em um sorriso.

Tonta caminho em sua direção. Brian e Mary me seguem.

– Oi. – digo tímida. – Não esperava vê-lo hoje.

– Vim buscar você.

Seus olhos azuis olham-me profundamente.

Meu Deus, estou sem ar.

– A gente se vê amanhã então Maria. – diz Mary me abraçando.

– Te ligo amanhã. – diz Brian segurando o braço de Mary.

Os dois saem em direção ao carro de Mary me deixando com Luíz.

Sorrindo ele se aproxima com seu jeito sexy envolve seus braços fortes em minha cintura e lentamente aproxima seus lábios dos meus.

Acho que meu coração pode ser ouvido a quilômetros. Meu corpo aquece com o contado dos seus lábios nos meus.

Sinto o toque suave de seus lábios e o gosto de sua língua. Coloco os braços em volta do seu pescoço e o beijo apaixonadamente.

Luíz é o cara mais perfeito que já conheci, mal posso acreditar que ele esteja realmente interessado em mim.

Se afastando um pouco ele diz:

– Posso te levar para casa?

Dando-lhe mais um beijo entro no carro.

– Desculpe por te roubar dos seus amigos. – diz Luíz enquanto dirige.

Ele segura minha mão e a leva aos lábios.

Enquanto ele dirige pelas ruas de Vancouver olho para ele. Uma de suas mãos está no volante e outra segurando a minha.

Não tenho dúvidas dos meus sentimentos por ele. Eu o amo. Nunca amei alguém assim, mas no fundo sou assolada pela dúvida. Por mais que ele demonstre não sei se os seus sentimentos em relação a mim ainda são como os meus. Tenho medo de que um dia ele descubra uma garota melhor que eu.

Paramos na frente da minha casa no subúrbio de Oakidge. Ele desliga o carro vira-se de lado e fica me olhando. Fico hipnotizada com o seu olhar.

Céus ele é mesmo real?

– No que você está pensando? – pergunta-me deslizando o polegar pelo meu rosto. Sinto um calor gostoso correr pelo meu corpo. A sensação é maravilhosa. Sinto-me em paz. Desligada do mundo.

– Se você é mesmo real.

Ele puxa os lábios vermelhos como sangue em um sorriso.

– O que eu tenho que fazer para provar que sou real para você? – sussurra ele se aproximando de mim. Seus lábios tocam meu pescoço.

Suspiro profundamente.

– Beije-me. – é o que consigo dizer.

Seus lábios são como mel. É desejo e fogo. Respiro seu hálito. Envolvo seu pescoço com os meus braços e o aperto junto de mim.

Ele se afasta arfando. Seus olhos azuis brilham. Seu rosto tem uma mescla de dor.

– O que aconteceu? – pergunto preocupada.

– Não foi nada. – diz ele segurando fortemente no banco do carro.

Ele parece controlar algo. Como se estivesse tentando manter o controle de alguma coisa.

O observo enquanto aos poucos ele vai voltando ao normal. Ele sorri.

Deslizando as mãos pelo meu rosto se aproxima e beija minha testa.

– Está tarde, você tem que dormir. Posso te ver amanhã?

– É claro que pode. – digo perdida em seu olhar.

Ele se aproxima sinto seu hálito em meu rosto meu corpo se aquece. Ele me beija delicadamente.

–Obrigado por existir. – sussurra em meus ouvidos. – Boa noite.

Fecho os olhos gravando as suas palavras. Feliz, desço do carro e entro em casa. Mal posso acreditar, mas estou vivendo um verdadeiro conto de fadas.

Ouço Luíz buzinar em frente de casa. Desço as escadas correndo. Vou até a cozinha dar um beijo em minha mãe.

Abro a porta e o vejo. Lindo, com os cabelos molhados. Está encostado no seu carro.

Ele sorri. Meu coração acelera.

Corro para seus braços e o beijo. Isso não é real.

– Vamos? – diz ele me soltando e abrindo a porta do carro.

Eu não sei para onde ele está me levando, só sei que eu o seguiria pra qualquer lugar.

O seu carro para em frente a uma bela casa eduardiana em um bairro nobre de Vancouver.

Saímos do carro. Paramos na varanda, quando Luíz abre a porta somos recebidos por Jack que balança o rabo feliz. Ele olha para mim e eu esfrego sua cabeça.

– Quero que você conheça uma pessoa.

Diz Luíz segurando minha mão e me guiando pela sua bela casa.

Ouço som de piano.

Caminhamos por um corredor cheio de quadros. Andamos em direção ao aposento de onde vem o som da suave melodia.

Paramos em frente a uma sala circular. De janelas amplas onde a luz do crepúsculo entra.

No centro da sala está um piano negro onde um homem bonito de cabelos castanhos toca a bela melodia.

Ele parece não notar nossa presença. O observo encantada com o som que ele produz nas teclas do piano.

A música para e ele se vira para nós.

– Sandro, quero que você conheça uma pessoa muito especial.

– É um prazer conhecê-la pessoalmente Maria. Luíz me falou muito de você.

Ele falou sobre mim?

– O prazer é todo meu Sandro.

Ele sorri.

– Seja bem vinda em nossa casa. Sinta-se à vontade.

– Obrigada

– Venha comigo. – diz Luíz me puxando.

O sigo, saímos pela porta dos fundos e entramos na floresta.

– Amo estar rodeado pelas árvores. – confessa-me ele.

Andamos por alguns minutos. Sua mão presa na minha.

Vejo Jack correr por entre as árvores e a noite cair sobre o topo das árvores.

Paramos em uma campina próxima a uma montanha. O capim alcança nossos joelhos, o lugar é lindo.

À noite está clara. Iluminada pela luz da lua cheia. Vagalumes voam à nossa volta. Um corvo pousa em um galho próximo. Suas mãos envolvem o meu pescoço e me apertam contra o seu corpo. Seus olhos estão nos meus.

Depois de trocarmos olhares, seus lábios tocam os meus. Uma de suas mãos desce pelas minhas costas, fico arrepiada. A outra segura minha nuca.

– Eu te amo. – sussurra.

– Eu te amo. – digo.

– Para sempre.

– Para sempre. – murmuro levantando os olhos para me perder na gravidade dos seus.

Eu não desejo estar em nenhum outro lugar com nenhuma outra pessoa a não ser com ele.

EPÍLOGO

Ariel

Stanley Park, Vancouver

Um mês depois...

Sinto o ar queimar meus pulmões quando o respiro pela primeira vez, cada célula do meu corpo físico dói. Quando abro os olhos à luz do crepúsculo me cega.

Levo a mão aos olhos. Sinto as folhas sob o meu corpo quando movimento minhas pernas. Aos poucos começo a sentir o aroma da terra e das plantas a minha volta. O vento toca minha pele e ela se arrepia. Sinto-me maravilhado com os sentidos do meu corpo humano.

Estou nu. Deitado em posição fetal em uma clareira rodeada de árvores. Apoiando em minhas mãos ergo-me vagarosamente. Estou tonto. Minhas pernas bambas parecem não suportar o peso do meu corpo físico.

Equilibrando-me sobre minhas pernas olho a minha volta. O céu está avermelhado com o crepúsculo. Ouço o farfalhar das folhas ao vento e dois pássaros que brincam sobre um galho próximo.

Arrisco dar alguns passos. Sinto a terra entre os dedos dos meus pés. Arrasto-me até a sombra de uma árvore. Apoiando em seu tronco de casca áspera tento organizar meus pensamentos. Estou no plano físico, isso significa que a primeira parte da minha tarefa está cumprida. Agora tenho que me misturar aos humanos – depois que arranjar algumas roupas é claro.

Pisco os olhos, tenho uma visão apurada. Como a de uma ave de rapina. Meu olfato melhor do que o dos humanos se acostuma com os novos aromas a minha volta. Posso escutar intensidades de sons extremante baixas.

Ouço o som suave de água corrente sobre as pedras e pela primeira vez sinto sede. O som não está tão longe daqui.

Caminho sob as árvores me apoiando em seus caules. Paro próximo a uma fonte de águas claras cercada de samambaias.

Sinto muita sede. Debruço-me sobre a fonte e vejo minha imagem refletida sobre a sua superfície prateada. Meus olhos são cinza, meus cabelos anelados caem sobre o meu rosto oval, minha pele de cor marfim e meus lábios entreabertos são cheios e rosados.

Depois de beber alguns goles me levanto e volto para a clareira. A noite começa a cair e logo tudo fica escuro. Posso enxergar na penumbra. Agora tenho que encontrá-la e protegê-la, essa é minha tarefa aqui.

Mesmo com meu corpo humano posso sentir o perigo que a espreita. Ficando cada dia mais perto. Não há tempo a perder.

FIM